AUS DEN SCHRIFTEN ABRAHAM A SANCTA CLARAS

W0201807

„Lach nur, lach, eitler Weltaff'-"

Allerlei „Gemisch-Gemasch"
von Abraham a Sancta Clara

Zusammengestellt und übertragen von Peter Karner

Herder
Wien · Freiburg · Basel

© Herder & Co., Wien 1983
Alle Rechte vorbehalten / Printed in Austria
Satz und Druck: F. Berger & Söhne GmbH,
3580 Horn
Umschlagmotiv: Österreichisches Bildarchiv
(Nationalbibliothek)
Umschlaggestaltung: Erich Baumann
Bestellnummer: ISBN 3-210-24.743-9

Inhalt

O göttliche Frechheit der Kinder Adams & Evae

Gewidmet Pater Abraham a Sancta Clara weiland Kaiserlichem Hofprediger nächst dem nachmaligen reformierten Bethaus in der Dorotheergassen von P. Petr. Carn.

Adam war frech, als er dem Herrn Gott die Jungfer Everl hat retournieren wollen.
Eva war frech, als sie mit der Schlangen disputiert hat.
Kain war frech, als er von Gott ein Amuletterl verlangt hat.
Abraham war frech, als er mit Gott einen Handel um Sodom & Gomorra angefangen hat.
Sarah war frech, als sie über die drei himmlischen Männer gelacht hat.
Jakob war frech, als er mit Gott einen Ringkampf aufgeführt hat.
Mose war frech, als er dem Pharao Gottes Fröscherln auf die Tuchent geschickt hat.
Hiob war frech, als er den höchsten Richter vor einem Gericht hat anklagen wollen.
Jeremia war frech, als er im Tempel ein Zeter und Mordio angestimmt hat.
Ezechiel war frech, als er dem ägyptischen

König sein Partezettel vor die Nasen gehalten hat.
Unser Heiland war frech, als er in heiligem Zorn die Tisch' der Wechsler im Tempel umg'worfen hat.
Und du, mein eitles Weltkind, sei frech zu dem vermaledeiten Satanas, daß er dir nicht deine unsterbliche Seel' abkaufen möcht'.

I.

Was ist der Mensch

Fang alles mit Gott an

Lauf und schnauf, daß du schwitzst wie ein Postklepper.
Schab und grab, daß dir die Händ' hundert Blasen bekommen.
Treib und schreib, daß dir fast alle Finger krumm werden.
Reit und streit, daß du fast die ganze Kraft verlierst.
Wetz und hetz, daß dir der Lebensatem zu kurz wird.
Hau und bau, daß du auf den notwendigen Schlaf vergißt.
Strick und flick, daß dir kein Feierabend einfallt.

Ropf und klopf, daß dir auch der längste Tag zu kurz wird.
Laß und paß, daß auch deine Geduld die Schwindsucht bekommt.
Du wirst trotzdem nichts oder nur wenig erwerben, nichts oder nur wenig erhaschen, wenn du deine Sachen nicht mit Gott anfangst.
Tust du aber Gott verehren, so wird dir Gott das Deinige vermehren.
Schließ Gott nicht aus, dann geht alles gut im Haus.
Ein Schiff ohne Ruder bist du,
ein Vogel ohne Flügel bist du,
ein Garten ohne Zaun bist du,
ein Soldat ohne Waffen bist du,
eine Speis' ohne Salz bist du,
ein Faß ohne Reifen bist du,
wenn du ohne Gott bist!
Fang demnach alles in Gottes Namen an, fahr fort in Gottes Namen,
dann wirst du auch alles in Gottes Namen zu End' bringen.

Wohlangefüllter Weinkeller

Gleichnisse vom Menschen

Was ist der Mensch? Der Mensch ist ein Scherz des Glücks, ein Bild der Unbeständigkeit, ein Spiegel der Verwesung, er ist ein

Raub der Zeit, sagt Aristoteles. Der Mensch ist ein Leibeigener des Todes, ein vorüberreisender Wandersmann, ein Ball, mit dem Gott spielt, sagt Plautus. Der Mensch ist ein lebendiger Tod, ein empfindliches Aas, ein herumgehendes Grab, sagt Trismegistus. Der Mensch ist ein Stiefbruder der wilden Tiere, ist ein Kind der Erde, ist ein Logiament der Trübsal, ist ein zusammengepapptes Werk der vier Elemente, ist ein Vasall der Würmer, spricht Lipsius. Der Mensch ist ein Sack voll Kot, ist ein Kostgeher der Kröten, ein Bürger zu Leyden, ist ein Kreuz-Herr von Natur, ist ein Geborener von Tadel, ist ein Richter auf der Laimgruben, ist ein Musikant vom Mutter-Leib an, weiß aber nichts mehr zu singen als Larifari, ist ein Verwandter der Erd-Schollen, ein Spital voller Krankheiten. Hab ich's noch nicht erraten? Nein! Der Mensch ist eine Zithern, wenn schon nicht der Eigenschaft, dann wenigstens dem Namen nach: der Mensch ist eine Zithern, denn er ist voll Furcht und Zittern vor dem Feuer, daß es ihn nicht verbrennt; vor der Erde, daß sie ihn nicht verschluckt; vor dem Wasser, daß es ihn nicht ersäuft; vor der Luft, daß sie ihn nicht erstickt; vor den Tieren, daß sie ihn nicht erwürgen; vor den Menschen, daß sie ihm nicht schaden; vor Gott, daß er ihn nicht straft; vor dem Teufel, daß er ihn nicht holt;

vor dem Tod, daß er ihm nicht den Garaus macht.

Abrahamische Lauber-Hütt'

Was ist der Mensch?

Was ist doch der Mensch, wie ist doch der Mensch, wer ist der Mensch?
Der Mensch ist ein Gras, das nicht lang steht, ein Schatten, der bald vergeht.
Der Mensch ist ein Schaum, der bald abfließt, eine Blume, die bald versprießt.
Der Mensch ist ein Rauch, der nicht lang währt, ein Feuer, das sich selbst verzehrt.
Der Mensch ist ein Blatt, das bald abfallt, ein Glockenton, der bald verschallt.
Der Mensch ist ein Fluß, der bald abrinnt, eine Kerze, die bald abbrennt.
Der Mensch ist ein Glas, das bald zerbricht, ein Traum, der schnell verfliegt.
Der Mensch ist ein Wachs, das bald zerweicht, eine Rose, die bald erbleicht.
Der Mensch ist ein Fleisch, das bald stinkt, ein Schifferl, das bald versinkt.
Der Mensch ist wankelmütig wie Aprilwetter, unbeständig wie Rosenblätter.
Der Mensch ist wie die Sonn', die geht bald auf, bald ab, heut' ist er wohlauf, morgen schabab.

Der Mensch ist bald hübsch und rot, und bald darauf bleich und tot.
Der Mensch ist bald schön und reich, und von ungefähr eine Totenleich.
Der Mensch ist ein kurzer Lautenklang, ein mit lauter Seufzern angfüllter G'sang.
Der Mensch ist allen Unglücks Spiel und aller Nöte ein g'meinsames Ziel.
Der Mensch ist ein Spiegel aller Eitelkeit, die Einkehr aller Verächtlichkeit.

Abrahamische Lauber-Hütt'

Das wundervollste Geschöpf

Das Meisterwerk aller Geschöpfe ist der Mensch, daher wird er billigerweis' von vielen eine kleine Welt benamst: denn von allem, was die anderen Geschöpfe haben, hat der Mensch ein Stückerl. Was sein Fleisch angeht, so hat er etwas von der Erde. Was seine Feuchtigkeit angeht, so hat er etwas vom Wasser. Was seine Hitz angeht, so hat er etwas vom Feuer. Was seinen Atem angeht, so hat er etwas von der Luft. Die sieben Weltwunder sind das reinste Larifari im Vergleich zum Menschen. Der Mensch ist das größte Wunder. Nachdem Gott den Menschen erschaffen hat, hat er am siebenten Tag geruht, und deshalb besteht der Mensch aus lauter Siebenern.

In der siebenten Wochen nach der Empfängnis bekommt der Mensch im Mutter-Leib seine erste Gestalt; im siebenten Monat seine ganze Vollkommenheit; im siebenten Monat nach der Geburt bekommt er die ersten Zähne; im siebenten Jahr zeigt sich der Verstand; im zweimal siebenten, das ist im 14. Jahr, sprießt ihm die erste Wolle um die Lefzen; im dreimal siebenten, das ist im 21. Jahr, wächst der Bart; im fünfmal siebenten, das ist im 35. Jahr, ist der Mensch von Natur aus am vollkommensten; im sechsmal siebenten, das ist im 42. Jahr, hat der Mensch den allerbesten Verstand; im siebenmal siebenten, das ist im 49. Jahr, ist der Mensch in seinem besten Alter; im achtmal siebenten, das ist im 56. Jahr, ist der Mensch für gute Ratschläge am zugänglichsten; im neunmal siebenten, das ist im 63. Jahr, nehmen die Kräfte ab; im zehnmal siebenten, das ist im 70. Jahr, ist meistens das Leben aus.

Wohlangefüllter Weinkeller

Die sind schwer zu bekehren

So wie man aus Stahl schwer Gold machen kann, so ist es auch schwer, ein stahlhartes Herz, das durch viele Sünden und durch

langjährige Gewohnheit hart geworden ist, zu bekehren.
Wer kann schon bekehren: einen Österreicher vom Saufen, einen Schweizer vom Raufen, einen Böhm' vom Betrügen, einen Steirer vom Lügen, einen Krainer vom Klauben, einen Polaken vom Rauben, einen Welschen von der Buhlerei, einen Franzosen von der Untreu, einen Spanier vom Stolz, einen Franken von der Tollheit, einen Schlesier vom Schreien, einen Sachsen von Schelmereien, einen Bayern vom Schmatzen, einen Schwaben vom Schwatzen. Das ist mir ein guter Mann, der so jemanden bekehren kann. Ja, so einen alten, verknöcherten, gewohnten, hartnäckigen Sünder zu bekehren, ist mehr, als eine ganze Welt zu erschaffen.

Abrahamische Lauber-Hütt'

Gleichnisse von jähzornigen Leuten

Es gibt Leut', die sind wie ein Wald, wenn man dem einen Schelm in den Busen wirft, so gibt er ihn durch das Echo wieder.
Es gibt Leut', die sind wie ein Fließpapier, wenn man es nur ein wenig antupft, macht's gleich ein Geplärr daraus.
Es gibt Leut', die sind wie eine geladene

Feldhaubitze, wenn man sie nur mit einer Lunte kitzelt, so knallt es gleich, daß einem die Ohren sausen.
Es gibt Leut', die sind wie eine Haselnußstauden, wenn man die nur ein wenig biegt, so schlägt sie z'rück und bezahlt mit einem Nasenstüber.
Es gibt Leut', die sind wie kaltes Wasser, wenn man das mit einem glühenden Eisen berührt, so zischt es und speibt einem vor Zorn in das Gesicht.
Es gibt Leut', die sind wie ein Zwiefel, wenn man dem das geringste Häutel abzieht, so rächt er sich, daß einem die Augen übergehen.
Es gibt Leut', die sind wie eine Brennessel, wenn man die nur ein wenig anrührt, so brennt sie gleich.
Es gibt Leut', die sind wie ein Kieselstein, wenn man den nur ein wenig mit dem Stahl schlägt, so ist gleich Feuer am Dach.

Abrahamische Lauber-Hütt'

Gleichnisse vom Teufel

Was ist der Teufel? Er ist ein Maler, denn er malt manchem das Blaue vor.
Was ist der Teufel? Er ist ein Schlosser, denn

er bringt manchen hinter Schloß und Riegel. Was ist der Teufel? Er ist ein Fuhrmann, denn er führt manchen hinter das Licht.
Was ist der Teufel? Er ist ein Bader, denn er richt' manchem ein grobes Bad her.
Was ist der Teufel? Er ist ein Fischer, er verkauft ein'm aber meistens nur faule Fische.
Was ist der Teufel? Er ist ein Seiler und macht viel tausend Fallstricke.
Was ist der Teufel? Er ist ein Kaufmann, handelt aber nur mit Bärnhäuter-Zeug.
Was ist der Teufel? Er ist ein Gärtner und verblümt alle seine Schelmereien.
Was ist der Teufel? Er ist ein Schuster und will, daß jeder über seine Leisten geschlagen wird.
Was ist der Teufel? Er ist ein Drechsler und dreht gar vielen eine lange Nasen.
Was ist der Teufel? Er ist ein Kürschner, setzt aber manchem die Läus' in den Pelz.
Meistens aber ist der Teufel, – na was? Ein Holzhacker, dessen einzige Arbeit im Zerspalten besteht, und des Satans einzige Freude ist die Zerspaltung, die Zertrennung, der Zank und der Unfrieden.

Heilsames Gemisch-Gemasch

Ein Alter soll wie eine Brennessel sein

Die Ehr' gebührt dem Alter, aber nur, wenn's voller guter Sitten ist; denn was helfen viele Jahr' und wenig Tugend; was helfen viele Falten und daneben die Einfalt (wenn übrigens viele Falten ein großes Lob verdienten, so müßten die Schweizer Pluderhosen über alles gehen); was hilft ein Schwan auf dem Kopf und ein Rab' im Herzen; was hilft es, lang gelebt zu haben, aber nicht löblich?
Ein Alter soll wie ein Feigenbaum sein, denn je älter der wird, desto mehr Früchte trägt er. Ein Alter soll wie eine Brennessel sein: denn je älter die wird, desto weniger Hitz hat sie. Schädlich ist es, wenn ein Alter beschaffen ist wie der Berg Ätna: der ist zwar mit Schnee bedeckt, aber inwendig voller Feuer. So ist auch nicht alles an den weißen Haaren gelegen, denn ein großer Unterschied ist zwischen weiß und weis'. Gott gibt manchmal jungen Leuten einen alten Verstand und vollkommene Tugenden.
Wibertus ist als ganz Junger zum Bischof von Ratzeburg gewählt worden, und als er deswegen zum Dispens nach Rom gereist ist, da hat ihn der Papst verworfen; als er aber über Nacht eisgrau geworden ist, da hat der Papst erkannt, daß es Gottes Wille ist und daß

nicht alles an den vielen Jahren liegt, sondern an den vielen Tugenden.

Hui und Pfui der Welt

Freunde gibt's genug, aber ...

Freunde gibt's genug, aber solche wie der Aal, der meistens davonschlüpft und Reißaus nimmt, wann man glaubt, ihn festzuhalten.
Freunde gibt's genug, aber solche wie das Quecksilber. Wenn das nämlich zum Feuer gestellt wird, so sagt es so geschwind wie der Wind sein „Lebewohl", und so wird aus einem Quecksilber ein Gehweg-Silber.
Freunde gibt's genug, aber solche wie die Schwalben: so lange die lustige und angenehme Sommerzeit dauert, so lang bleiben sie bei uns, aber gleich wenn es anfängt, kalt zu werden und kühl, dann nehmen sie hinter der Tür Urlaub.
Freunde gibt's genug, aber solche wie die Sonnenuhr, die tut solang ihren Dienst, solang' die goldene Sonn zu scheinen pflegt, sobald die aber untergegangen ist, ist auch bei ihr der Dienst aus.
Freunde gibt's genug, aber solche wie die Blutegel, die hängen sich so lang an einen und picken an der Haut, bis sie ihre Wampen

gefüllt haben, und nachher schämen sie sich nicht, voller Blut ihren Abschied zu nehmen. Freunde gibt's genug, aber solche wie die Mäuse. Die bleiben so lang im Haus, solang' es in guten Zustand ist, sobald sie aber merken, daß es bald zugrund gehen und einstürzen wird, so verlassen sie es und retirieren sich anderswohin.

Freunde gibt's genug, aber solche wie die Vögel am Baum des Nabuchodonosor: auf dem hatten sie unter andauerndem Singen und Pfeifen ihre Wohnung, sobald aber dieser auf Befehl des Allerhöchsten umgehauen worden ist, da haben sich die sauberen Vögel aus dem Staub gemacht.

Freunde gibt's genug, aber solche wie die Melonen, von denen schauen die meisten auswendig gut aus, wenn man sie aber nur ein wenig genauer anschaut, so ist kaum eine von zehn Melonen etwas wert.

Freunde gibt's genug, aber solche wie ein Bach, bei dem ist immer ein guter Rausch anzutreffen, weil ihm von allen Bergen die Wasser zulaufen und mit ihm in gutem Rausch leben; wenn aber die größte Hitz' ist, dann findet man nicht einmal einen Tropfen Wasser. Viele Freundschaften sind nicht anders: Wie oft hört man, der und der ist gestorben, er ist mein guter Freund gewesen, wir haben oft einen guten Rausch miteinander gehabt, tröst

ihn Gott. Und damit ist die ganze Freundschaft bezahlt. Jetzt, wo er in der größten Hitze, in den größten Qualen des Fegfeuers ist, wo aller Rausch ein End' hat, ist nicht ein Freund da, der ihm einen Tropfen Wasser bei dieser Hitz spendiert.
Das sind keine guten Freunde, die nur in freundlichen Zeiten Freunde sein wollen.

Judas der Erzschelm

Der Trampel

Der Trampel gilt alles, der Mistfink gilt alles, der Sautrog gilt alles, der Wurmkübel gilt alles, der Kohlensack gilt alles, der Dalken gilt alles, der Gestankkolben gilt alles, die Eiterbüchsen gilt alles, der wilde Mufti gilt alles, diese Lausweid' gilt alles, der Leib, sag ich, gilt alles – und die Seele, dieses kostbare Kleinod, diese werteste Braut Jesu Christi, gilt wenig, und wie der arme Lazarus muß sie mit einem Platz draußen vor der Tür vorlieb nehmen.

Judas der Erzschelm

II.

Die Eitelkeit der Welt

Lach nur, lach, eitler Weltaff'

Lach nur, mein eitles Adamskind, daß dir die Augen übergehn. Lach, daß es dir fast das Maul aus den Angeln reißt. Lach, daß man dich über drei Gassen hört.
Lach, aber das Ach bleibt dir nicht aus: Parata sunt de risoribus judicia. Die Lacher und Spötter hat Gott noch selten auf dieser Welt ungestraft gelassen.
Lach nur, lach, eitler Weltaff'! Lach, daß dir die Nasen krumm wird. Lach, daß dir die Zähne wackeln. Lach, daß es dir die Brust zerreißt.
Lach, lach, aber das Ach bleibt nicht aus, denn

die Lacher und Spötter sind meistens noch gezüchtigt worden.
Lach, du leichtsinniger Mensch. Lach, daß du das Maul aufreißt wie eine offene Fuhrmannstaschen. Lach, daß du schepperst wie eine verdorbene Blech-Blas'n. Lach, daß dein ganzer Leib erzittert, als tät man einen Birnbaum schütteln.
Lach, lach, aber das Ach wird bald darauf folgen. Für die Spötter und Lacher ist die Straf' Gottes vor der Tür.
Lach nur, lach, mein sauberer Welt-Aff'! Lach, daß dir die Augen im Wasser schwimmen. Lach, daß dir die Goschen aus dem Leim geht. Lach, daß dir das Herz im Leibe hüpft. Lach, lach, aber das Ach wirst du nicht vermeiden können.

Heilsames Gemisch-Gemasch

Mein sauberes Adamskind

Stolzier' nur herum, du nichtiger und flüchtiger Mensch! Du wilder Leim-Batzen, du schändliche Kot-Butten, du grauslicher Madensack, du stinkende Senk-Gruben, du Raub der Zeit, du Einkehr des Elends, du Deckmantel des Unflats, du Spital der Krankheiten, du Scherz der Elemente. Stolzier' nur herum, aber du sollst wissen, daß Gott solche Feder-Hanseln nie ungerupft läßt. Stolzier' nur herum, mein elender Tropf! Du bist ein Garten, aber voller Disteln; du bist ein Buch, aber voller Eselsohren; du bist ein Wein, aber voller Gläger; du bist ein Apfel, aber voller Wurmstich; du bist ein Acker, aber voller Unkraut; du bist eine Apotheke, aber voller Katzendreck; du bist eine Kredenz, aber voller hinigem G'schirr; du bist ein Wald, aber voller Schlegel. Stolzier' nur herum, aber sei versichert, daß Gott auch auf der Welt solche Feder-Hanseln nicht ungerupft läßt.

Stolzier' nur herum, mein sauberes Adams-Kind! Du Sinnbild der Unbeständigkeit, du Entwurf der Gebrechlichkeit, du Spiegel der Mühseligkeit, du Logis der Unpäßlichkeit, du Ziel der Unglückseligkeit, du Wohnplatz der Unreinlichkeit, du Inhalt aller Widerwärtigkeit. Stolzier' nur herum, aber laß dir's gesagt sein! Kein stolzer Feder-Hansel bleibt ungerupft.

Stolzier' nur herum, mein Welt-Aff! Du bist ein gar wackerer Gesell, denn: Ein Pfau ist schöner als du, ein Löwe ist stärker als du, ein Tiger ist schneller als du, ein Elephant ist größer als du, ein Fuchs ist arglistiger als du, ein Schwan ist reiner als du, ein Hahn ist wachsamer als du. Stolzier' nur herum, blas dich auf wie eine Kröte, steig in die Höhe wie eine Rakete, schwimm oben wie ein Pantoffelholz, flieg wie ein Ikarus, schieß hoch wie eine Feuerflamme, wachs' wie eine Zeder. Aber vergiß nur ja nicht, daß Gott die stolzen Feder-Hanseln noch auf der Welt rupft.

Heilsames Gemisch-Gemasch

Was ist die Welt?

Was ist die Welt? Antwort: Die Welt ist ein Garten, in dem viele schöne Blumen und Pflanzen stehen, aber noch mehr Zwiefel, denn ein Mensch zwiefelt den anderen. Die Herrschaft zwiefelt die Untertanen, der Meister zwiefelt die Lehrbuben, die Soldaten zwiefeln die Bauern, der Professor zwiefelt die Studenten, die Frau zwiefelt die Menscher; also in summa: überall Zwiefel.

Was ist die Welt? Antwort: Die Welt ist ein großer Wald, in dem unterschiedliche Bäume stehen. Da sind Fichtenbäume zu sehen, die ihr Leben im Feuchten zubringen und sich wie Lot ganz pfundige Räusch' ansaufen. Da gibt es viele Lindenbäume, die sich die Zeit mit lindem und weichem Wohlleben vertreiben. Da gibt es viele Feigenbäume, die nur mickrige Feigen hergeben und kein Herz haben, gegen

die Welt, gegen den Teufel und gegen das Fleisch zu streiten. Da gibt es viele Buchen, die jedes Buch durchblättern und im großen weltlichen Teich der Wissenschaften fischen, um zu großen Ehren zu gelangen. Und da gibt es viele Birnbäume, die zornig und rachgierig sind und fast jeden auf die Birne hauen wollen.
Was ist die Welt? Die Welt ist ein Tanzboden, auf dem es unterschiedliche Sprünge gibt. Der Arme springt nicht hoch, tanzt ein kleines Salterello, darum heißt es, arme Leute haben nicht viel, machen keine großen Sprünge und schweigen schön still. Der Bauer tanzt und muß ein Passamezzo tanzen, wie man es ihm vorpfeift. Es heißt halt: Allerweil geht's so zu: man nimmt mir das Kalb und bringt mich um die Kuh. Ein Reicher, der springt wohl hoch, tanzt einen Galliarda. Der kann ganz leicht dazu singen: Allerweil rundherum, mir ist halt wohl, hab' ich auch kein Fürstentum, so bin ich doch toll. Ein anderer tanzt den Balla di Capello, einen Hüttl-Tanz, er spielt unter dem Hüttl und macht Partitel!
Was aber ist die Welt? Antwort: Die Welt ist ein Spital, in dem man unterschiedliche Krankheiten und Zustände antrifft. Das Wort fängt mit dem Buchstaben W an, weil nämlich fast nichts darinnen ist als lauter Weh: Kopf-W, Augen-W, Zahn-W, Rücken-W, Magen-W, Brust-W, Seiten-W, in summa: lauter W.

Aber keines ist so häufig wie das Hals-W. Und dafür wird als Patron der hl. Blutzeuge und Märtyrer Blasius angerufen.

Abrahamische Lauber-Hütt'

Vergafft in die großen Titel

Ich glaub', wenn jener Maulesel, auf dem der Prinz Absalon geritten ist, noch am Leben sein sollte, er würd' sich um den Titel cines „königlichen Kleppers" bewerben. Viele Leute sind so vergafft und verafft in die großen Titel, daß man von ihnen alles bekommen kann, wenn man sie nur richtig tituliert. Darin sind die Bettler auf der Gassen sehr erfahren, die manchem mit „Herr von Sowieso" oder „Euer Gnaden" das Geld aus dem Beutel locken. So weit ist es mit uns Deutschen gekommen, daß man sich des Namens schämt, den wir von unseren Voreltern ererbt haben, darum will keiner mehr Schuster heißen, sondern Sutorius, keiner mehr Schmied heißen, sondern Faberius, keiner mehr Schlegel heißen, sondern Plagensis, es will keiner mehr Esel heißen, sondern Arcadius etc. Ein Töchterl wird selten mehr Ursel getauft, sondern Polyxena, Gandulfa, Burgundophora. Ich selbst habe einen gekannt, der vom Vater her

Thomas Weps genannt worden ist, bald aber hat er sich Thomas Vespasianus genannt. Was für eine Torheit!

Hui und Pfui der Welt

Schmarotzer

Ich – ein armer Augustiner und Bettelmönch – bin einmal in ein vornehmes Kloster gekommen. Da hat man mir unter anderem einen schönen Saal gezeigt, der mit lauter Sinnbildern bemalt war. Eins davon war ein Bild mit allerhand kostbaren Speisen und Gästen: ein Schmarotzer mit sein'm schmierigen Maul zeigt den Gästen den Rücken und geht zur Tür hinaus. Und dazu war hing'schrieb'n:

Er geht vom Tisch
das Maul abg'wischt.

Das paßt gut – es finden sich ja genug Schmarotzer, Tellerlecker, Bratlschmecker, Gurgelbrüder, Maulfreunde, Brotschlucker, Tischnarren, Pastetendiebe, Bröselkramer, Kahlfresser, Becherhinunterstürzer, Tischkurtisanen, Un-Ehrengäst', Kuchltrabanten, Schmutzbarteln etc., die immer fischen und das Maul abwischen; die sich täglich bei fremden Tafeln einfinden, um ja das Ihrige zu sparen oder sich in ihrer Armut durchzubrin-

gen. Und wenn sie dann endlich ihren Bauch gefüllt haben, nehmen sie Reißaus und zahlen mit Fersengeld.
Aber kaum haben sie's zu etwas gebracht, so schwimmen sie oben wie ein Pantoffelholz, vergessen alle genossenen Wohltaten, ja schauen öfters ihre vorigen Freunde nicht einmal mehr an. O Undankbarkeit!

Abrahamisches Gehab dich wohl

Der Tandler

Viele Kleider kommen den Tandlern besonders von den Weibsbildern in die Hand – meistens ohne Wissen ihrer Männer. Weil sie die neuen Kleider und Moden lieben, geben sie die alten um einen Spottpreis weg. Vier Dinge sind's, nach denen die Weiber ein besonderes Verlangen haben. Erstens: von vielen jungen Männern geliebt zu werden. Dann: ihre Fruchtbarkeit mit vielen und schönen Kindern zu beweisen. Drittens: im Haus zu herrschen, und schließlich: kostbar gekleidet zu sein.
In der heutigen Zeit ist es so weit gekommen, daß man sich gar nicht mehr an eine neue Mode gewöhnen kann, weil sich die Mode fast alle Tage ändert.
In unserem lieben Österreich gibt es, wenn

schon nicht Paradiesvögel, so doch schön aufgeputzte teuflische Höllenvögel und Fledermäuse. Es ist ja keine Stadt und in der Stadt keine Gasse, wo man derlei Vögel nicht antrifft. Es laufen Tag und Nacht die Schneider und Lakaien, Mägde und Kammerkatzen durch alle Läden und Gewölbe, um einen solchen Vogel, so ein hoffärtiges Frauenzimmer auszustaffieren. Und weil ihnen in unserem lieben Vaterland fast keine Farb' mehr, kein Zeug gut genug ist, womit sie ihren muffigen Madensack, ihre stinkenden Mistkrippen zieren und schmücken können, so verlangen sie alle Arten von unterschiedlichen Brokat- und Modebändern. Wenn der Kaufmann fragt: Jungfer, welche Farbe? Da heißt's: mein goldener Herr, was Schön's, was Rar's. Meine Gnädige ist gar heikel. Hat der Herr was von Blauheur-Citrin oder Enfamé-Farbe? Etwas von Flammeté-Ecarlaté oder Violett-Farbe? Etwas von Orangé Feuillemorte-Isabelle oder Zurzolin-Farbe? Etwas von Rosin-Carmesin- oder Incarnat-Farbe? Hat der Herr nicht Indianische Ruben-Farbe, Paphlagonische Erdfarbe, Hellespontische Zwiebelfarbe, Perusianische Pelz-Farbe, Afrikanische Eselsfarbe? Das alles geschieht nur deshalb, daß der stinkende Miststock chic aufgeputzt wird.

Etwas für alle

Was es auch kost't

Schaut, meine Wiener, dem Leib schlagt man nichts ab, was es auch kost't.
Da müssen alle Elemente spendieren: Über der Erde die Vögel, auf der Erde die Tiere, in der Erde die Wurzeln müssen diesem aus Erde z'sammgepappten Dalken zu Diensten sein, was es auch kost't.
Pfeffer aus Calicut, Nelken aus Moluka, Zucker aus Candia, Ambra aus Brasilia muß er schlecken und schmecken, was es auch kost't.
Die Landesspeisen sind nicht mehr im Brauch. Der Wein vom deutschen Grund gehört für eine Bauernhochzeit . . . Bald wird man per Post um indianische Bachstelzen schreiben. Bald wird die Schlemmersucht so wachsen, daß man aus Zeisighirn wird Pasteten backen. Bald wird man die Spanferkel mit Zucker mästen. Durch deutsche Hände gewirkte Tücher sind nur für die Mönchskutten gut, taugen nur für Roßdecken. Es muß Seide sein aus Cappadocia; es muß Taft sein aus Persia; es muß Samt sein aus Hiriania. Man wird bald von Spinneng'web' Mäntel und Mantillen machen, nur wegen der Rarität. Die Schneider werden bald ihre Nadeln in Asia spitzen lassen müssen, was es auch kost't.
Man wird bald für den deutschen Zwirn einen fremden, ausländischen Namen erfinden . . .

Dem Leib, diesem Lümmel, tut man schön, als käme er vom Hirnschweiß des großen Gottes Jupiter her, und die Seele vergißt man so oft.

Lösch Wien

Fressen und Saufen

Wie oft wird dir die heilige Weihnacht zu einer „Wein-Nacht", wie oft heißt bei dir Ostern „O Stern voll"! Wie oft ist es bei dir wahr, was man zu Pfingsten die Apostel falsch bezichtigt hat: Diese Leute sind voll. Wie oft tust du zu unseres Herrn Himmelfahrt in allen Wirtshäusern herumfahren. Fast immer am heiligen Fronleichnams-Tag bist du vormittags bei der Prozession mit unserem Herrn, nachmittags aber hast du einen Prozeß mit dem Wirt. In Summa ist es leider schon so weit gekommen, daß bei den Christen die meisten Fasttage in Freßtage verkehrt werden.

Man sieht ja, daß an einem Fest-Tag fast alle Kucheln rauchen, alle Pfannen schwitzen, alle Wasser sieden, sich alle Bratspieße drehen, alle Roste glühen; alle Schüsseln tragen, alle Teller leiden, alle Tafeln prangen, alle Keller kredenzen, alle Kandeln schöpfen, alle Becher hupfen, alle Gläser schwimmen; alle Mäuler saufen, alle Gurgeln schlucken, alle Füße wackeln, alle Köpfe summen; da trinkt ein Bürger, dort sauft ein Bauer, da ludert ein Gesell, dort würgt ein Knecht; da stolpert ein Junger, dort fällt ein Alter, da lehnt der Sohn, dort liegt der Vater, da grappelt der Herr, dort kriecht der Diener, da gaumetzt der Richter, dort schnarcht der Geschworene. Beim goldenen Lamm trinkt der Meister Wolfgang, beim goldenen Wolf sauft der Meister Lambert, beim blauen Hecht schwimmt der Fischer, beim schwarzen Ochsen ludert der Fleischhacker, beim weißen Hirschen zecht der Jäger, beim grünen Flederwisch biberln ein paar alte Weiber: Da gibt's Viertel-Räusch, halbe Räusch, ganze Räusch; stürmische Räusch, verliebte Räusch, witzige Räusch, empfindliche Räusch, stolze Räusch, säuische Räusch; Bürger-Räusch, Bauern-Räusch, Kutscher-Räusch, Bettler-Räusch, Narren-Räusch; bald im Wein, bald im Bier, bald im Branntwein, bald im Met, bald im Tiroler-Wein, bald im Österreicher-Wein, bald im Neckar-Wein, bald im Franken-Wein, bald im Rhein-Wein, bald im Ungarischen Wein, bald im Welschen Wein, bald im Spanischen Wein. Das Geld zum Freisprechen, auch das Straf-Geld, auch das Trink-Geld, das Einkaufs-Geld, das Spar-Geld, das Spiel-Geld, das Ladel-Geld, auch das Büchsen-Geld, was für einen Namen auch immer das Geld hat, das

wird aufgespart auf den Feiertag, da muß es versoffen werden.
Ihr Wein-Wirte, wann erlöst ihr das meiste Geld? Am Feiertag. Ihr Bier-Zapfer, wann zieht ihr den meisten Gewinn ein? Am Feiertag. Ihr Lebzelter und Met-Sieder, wann spickt ihr am besten euren Beutel? Am Feiertag. Ihr Sudler und Garköche, wann habt ihr den besten Gewinn? Am Feiertag. Ihr Brätel-Brater und Krapfen-Backer, wann geht euch eure schmutzige Ware am besten weg? Am Feiertag.
O festum infaustum! O Festtag, o Freß-Tag.

Judas der Erzschelm

Lügen über Lügen

Wenn einer heutzutage bei jeder Lüge pfeifen sollte, so müßte er immer ein gespitztes Maul machen. Denn es gibt kein Land, keinen Stand, keine Wand, wo man nicht der Wahrheit einen Schlag versetzt. Es sind die gered'ten Lügen, die geschriebenen Lügen, die gemalten Lügen, die gedruckten Lügen, die gestochenen Lügen, die geschnitzten Lügen, die gesungenen Lügen; es sind die deutschen Lügen, die lateinischen Lügen, die spanischen

Lügen, die französischen Lügen, die polnischen Lügen, die ungarischen Lügen; es sind die großen Lügen, die kleinen Lügen, die mittelmäßigen Lügen, die höflichen Lügen, die groben Lügen, die verschmitzten Lügen, die gemeinen Lügen, die neuen Lügen, die alten Lügen, die frischen Lügen; es sind die wöchentlichen Lügen, die täglichen Lügen, die stündlichen Lügen, die geschwinden Lügen, die langsamen Lügen; die Stadtlügen, die Marktlügen, die Dorflügen, die Schloßlügen, die Hauslügen, die Zimmerlügen, die Tischlügen, die Nachtlügen, die Taglügen, die Gassenlügen, die Winkellügen; es sind die Männerlügen, die Weiberlügen, die Kinderlügen, die Herrenlügen, die Damenlügen, die Dienerlügen, die Mädchenlügen. Es sind also so viele Lügen, daß – wenn man von einer nur einen Pfennig Maut abgeben müßte – in kurzer Zeit ein solcher Haufen Geld gesammelt wär', wie der weltbekannte Krösus in seinem ganzen Reichtum gehabt hat.

Judas der Erzschelm

Das Geld richt't alles

Das Geld richt't alles; das Geld schlicht't alles; das Geld bind't alles, das Geld überwind't

alles; das Geld excusiert alles, das Geld promoviert alles; das Geld wend't alles, das Geld verblend't alles.
Mit einem Wort: Das Geld beherrscht und regiert alles. Das Geld ist über alle Monarchen, über alle Waffen, über alle Festungen, wie der König Alphons zu sagen pflegte: Es wär' keine Festung unüberwindlich, wenn sie nur ein so großes Loch hätt', daß ein Maulesel mit Gold durchschlüpfen kann.
Das Geld verwirrt und verführt alles. Es kommt in dieser gold- und geldvernarrten Welt fast kein einziger Künstler und Handwerksmann mehr bei einer Herrschaft in die Arbeit, außer er spendiert. Er muß dem Agenten spendieren, dem Verwalter spendieren, dem Hofmeister spendieren, dem Sekretär spendieren. Geld, o Geld, wie weit treibst du die Welt! Gold und Geld öffnet alle Pforten und Türen.
Gold und Geld richt't die schwersten Prozesse. Gold und Geld ist der beste Kuppler in Heiratssachen, und wenn die goldene Sonne, also die Dukaten, in den Händen glänzen, verblenden sie oft gar vielen die Augen. Das Geld errettet und salviert alles: Geld, o Geld, was richtest du nicht aus in der Welt?
Das Geld ist das notwendigste Stück zum menschlichen Unterhalt, und wer ohne Geld

ist, gilt wenig in der Welt, wie ich eben gemeld't. Mancher ehrliche Mann ist ein wackerer Mann, ein beliebter Mann, ein gelobter Mann, lang in den Ländern herumgereist, hat viel erfahren, ist höflich von Sitten, angenehm in der Gesellschaft, gelehrt in Diskursen, vorsichtig im Tun und Lassen – und er kann trotzdem nicht aufkommen. Warum? Er ist ein armer Teufel und hat kein Geld. Oft find't sich ein ehrliches Mägdlein, ist schamhaft, züchtig, wirtschaftlich, emsig, friedlich, sparsam, arbeitsam, tugendsam, ehrsam, gelehrsam, auch ein Kind von guten Eltern – kann trotzdem zu keiner Heirat kommen. Warum, fragst du? Sie ist eine arme Haut und hat kein Geld. – Es ist also ohne Geld nichts, nichts, ja gar nichts auf der Welt. Obwohl ich durch meine ganze Predigt bisher bewiesen hab', daß das Geld auf der Welt eine große Macht hat, so hat doch auch das Geld eine große Macht bei Gott. Mit Geld kann man den Himmel kaufen, wenn man das Herz nicht daran bindet: und zwar besonders durch das Almosengeben.

Abrahamisches Gehab dich wohl

Litanei vom Gold

Silber eleison.
Gold eleison.
Silber erhöre uns.
Gold erhöre uns.
Silber erbarm dich unser.
Gold erbarm dich unser.

Gold, du Schatz der Erden, bleib bei uns.
Gold, du Ernährer der freien Künste, bleib bei uns.
Gold, du Schatz der Welt, bleib bei uns.
Gold, du Wert der Wollust, bleib bei uns.
Gold, du Staffel der Ehren, bleib bei uns.
Gold, du Erhalter des Lebens, bleib bei uns.

Gold, du Haupt der Metalle, wir bitten dich, erhöre uns.
Gold, du Zier des menschlichen Wandels, wir bitten dich, erhöre uns.
Gold, du Ziel unserer Gedanken, wir bitten dich, erhöre uns.

Gold, das du hinwegnimmst die Armut der Welt, erbarm dich unser.
Gold, das du hinwegnimmst die Schulden der Welt, erbarm dich unser.
Gold, das du hinwegnimmst alle Trübsal der Welt, erbarm dich unser.
Silber eleison.
Gold eleison.

Gold ist das Ziel, worauf alle Gedanken zielen.
Gold ist die Speise, nach der jeden hungert.
Gold ist die Frucht, nach der alle Hände langen.
Gold ist ein Gott, den alle anbeten.
Gold, dir ist jeder hold:
Gold, dir ist der Kaiser hold.
Gold, dir ist der König hold.
Gold, dir ist der Papst hold.
Gold, dir ist der Edelmann hold.
Gold, dir ist der Bürger hold.
Gold, dir ist der Bauer hold.
Gold, dir ist der Bettler hold.
Gold, dir sind die Pfaffen hold.
Gold, dir ist die ganze Welt hold.

Abrahamische Lauber-Hütt

III.

O Mensch, gib acht!

Die beste Zahl

Ich frag': Welche Zahl ist die beste, welche ist die heiligste und welche wohl die behutsamste und notwendigste? Die beste, meine ich, ist die Eins; wenn man eins und einig ist, besonders im Ehestand. Die heilige Zahl ist 3, weil dadurch die allerheiligste Dreifaltigkeit angedeutet wird, wo Eins 3 ist und 3 Eins. Die bedeutsamste und notwendigste Zahl aber ist die Acht. In der boshaften Welt heute braucht man sie gar oft: also – gib acht!
Gib acht bei Freunden,
Gib acht bei Feinden.

Gib acht auf die Pflicht,
Gib acht bei Gericht.
Gib acht beim Studieren,
Gib acht beim Vexieren.
Gib acht beim Reden und Sagen,
Gib acht beim Antworten und Fragen.
Gib acht beim Wandeln,
Gib acht beim Handeln.
Gib acht im Rat,
Gib acht bei der Heirat.
Gib acht auf Wegen und Straßen,
Gib acht in allem Tun und Lassen.

Abrahamische Lauber-Hütt

Schlechte Gesellschaft steckt an

Ja, so geht's: mit wem einer umgeht, von dem nimmt er die Sitten an. Von Unzüchtigen lernt man auch galanisieren, bald hätt ich g'sagt: geilanisieren; mit Säufern wird man ein Schlemmer, bald hätt ich g'sagt: ein Schlimmer; von Dieben lernt man auch im Stehlen sein Heil suchen, bald hätt ich g'sagt, ein Seil suchen. Wer mit Pech umgeht, der riecht; wer mit Schwämmen umgeht, der stinkt; wer mit Küchen umgeht, der miachtelt; wer mit Essig umgeht, der säuerlt; wer mit Einheizen umgeht, der brandelt; wer mit Geißen umgeht, der böckelt; wer mit Säuen umgeht, der schweinelt; wer mit Tabak umgeht, der räuchelt; wer mit Schelmen umgeht, der schelmelt etc. Ein Vermessener ist wie ein Messer; denn wie ein Messer das andere wetzt, also macht ein Vermessener den andern vermessen. Ein böser Gespan ist wie ein Span; denn wie ein brennender Span auch den nächsten anzünd't, so bringt ein lasterhafter Gespan auch den nächsten zum Verderben. Ein schlimmer Kamerad ist wie ein Kammrad in der Mühle: wenn das schlecht geht, so gehen die anderen Räder auch so.

Judas der Erzschelm

Der Eifersüchtige

Wirklich große, starke, seltsame, grobgesichtige und gewichtige Narren sind die Eifersüchtigen. Ein Eifersüchtiger – schau ihn dir gut an! – ist wie ein eiserner Helm auf dem Dach, der sich die ganze Zeit hin und her dreht.
Ein Eifersüchtiger – schau ihn dir gut an! – ist wie eine Henne, die immerzu kratzt und grippelt und grappelt und sucht.
Ein Eifersüchtiger – schau ihn dir gut an! – ist wie ein Löwe, der auch im Schlaf die Augen offen hat.

Diesem Narren ist jeder Aspekt suspekt; ihm ist jeder Gang des Weibs ein Zwang; ihm ist jeder Schritt ein Schnitt; ihm ist jeder Gruß eine Buß'; ihm ist jeder Schmutzer ein Trutzer; ihm ist jeder Blicker ein Zwicker. Sie würd' gern reden und darf nicht; sie würd' gern lachen und soll nicht; sie würd' gern grüßen und traut sich nicht; sie würd' gern danken und untersteht sich nicht. Alles, was von ihr Gutes gesagt wird, das glaubt er nicht, aber was von ihr Böses gered't wird, das glaubt er.

Wunderlicher Traum von einem großen Narrennest

Der Gewissens-Wurm

Wo ist in dieser betörten und verkehrten Welt das Gewissen? Wer achtet heutzutage das Gewissen? Wer geht nach dem Gewissen? Wer handelt mit Gewissen? Wer richtet sich nach dem Gewissen?

Wie viele tausende Gewissens-Würmer, ja wohl ganze Wurm-Nester findet man nicht unter den Menschen?

Da ist ein Wurm, der kriecht in den Kanzleien, und auf den Advokaten ihren Schreibtischen herum, das ist der Interessens-Wurm.

Da ist ein Wurm, der kriecht auf den

Schneidern ihrer Scher herum, das ist der Beschores-Wurm.
Da ist ein Wurm, der kriecht auf den Notaren ihren Schriften herum, das ist der Testaments-Wurm.
Da ist ein Wurm, der kriecht auf den Maurern und Zimmerleuten ihrem Werkzeug herum, das ist ein fauler Wurm.
Da ist ein Wurm, der kriecht auf den Wucherern ihren Scheunen herum, das ist ein Traid- und Korn-Wurm.
Da ist ein Wurm, der kriecht auf den Eheleuten ihren Betten und Hausrat herum, das ist ein Zank-Wurm.
Da ist ein Wurm, der nistet in den Locken der großen Perücken, das ist ein politischer Wurm.
Da ist ein Wurm, der läßt sich auf den Frauenzimmern ihrem Näh-Kissen sehen, das ist der Galanterie-Wurm.
Aber wer will all diese Würmer zählen?

Abrahamisches Gehab dich wohl

Gott und der Teufel streiten um den Sonntag

„Mir“, sagt der Teufel, „gehört der Sonntag, weil der Sonntag nichts anderes ist als ein

Sündtag, daher mein Gebot: Memento, ut diem Sabbathi lutifices." Die Leut' sind eine ganze Woche mit Arbeit beschäftigt, am Sonntag aber machen sie einen Rasttag oder besser gesagt, einen Lastertag; da verläßt der Kürschner den Fuchsbalg und geht ins Wirtshaus zu den drei Hasen; da verläßt der Fischer das Wasser und geht ins Wirtshaus zum blauen Hechten; da verläßt der Schmied den Amboß und geht ins Wirtshaus beim goldenen Hufeisen; da verläßt der Schuster den Leisten und geht ins Wirtshaus zum roten Stiefel; da verläßt der Goldarbeiter sein Quecksilber und geht ins Wirtshaus zur goldenen Krone; da verläßt der Gärtner Schaufel und Krampen und geht ins Wirtshaus zur grünen Linden. Bei dieser grünen Linden heftet er mehrmals Gott wieder auf den Kreuzbaum; bei dieser goldenen Kron verscherzt er die ewige, bei diesem roten Stiefel eilt er direkt der Hölle zu, bei diesem blauen Hechten geht die Tugend den Krebsgang, bei den drei Hasen hebt er eine Sau auf. Und das alles geschieht für gewöhnlich am Sonntag.

„Der Sonntag gehört mir", sagt Gott, „denn statt des Sabbats haben schon die Apostel diesen Tag eingestellt, damit mir die Menschen Dank sagen, weil an diesem Tag hab' ich angefangen, die Welt zu erschaffen; damit sie mir danksagen, weil am Anfang dieses Tags bin ich als Mensch geboren worden; damit sie mir danksagen, weil an diesem Tag bin ich getauft und vom Himmel als ein Gottessohn erklärt worden; damit sie mir danksagen, weil an diesem Tag hab' ich das erste Wunderwerk gewirkt, als ich zu Kana das Wasser in Wein verwandelt habe; damit sie mir danksagen, weil an diesem Tag bin ich mit Palmenzweigen in die Stadt Jerusalem eingezogen; damit sie mir danksagen, weil an diesem Tag bin ich glorreich von den Toten auferstanden; damit sie mir danksagen, weil an diesem Tag hab' ich den Heiligen Geist in Gestalt feuriger Zungen geschickt; damit sie mir danksagen, weil an diesem Tag hab' ich die Apostel ausgesandt, das Evangelium allen Kreaturen zu predigen. Mir, Gott, gehört der Sonntag, das lernen sogar schon die Ochsen und das vernunftlose Vieh."

„Mir gehört der Sonntag", sagt der Teufel, „denn was ist der Sonntag mehr als ein Sündtag. Obschon Gott an diesem Tag bei der Erschaffung der Welt das Licht hervorgebracht hat, so führe ich doch die meisten Menschen an diesem Tag hinter's Licht. Obschon Gott an diesem Tag geboren und zwischen Ochs und Esel ins Kripperl gelegt worden ist, so mach' ich doch, daß die meisten Leut an diesem Tag wie das Vieh leben. Obschon Gott an diesem Tag im Jordan getauft worden und der Heilige Geist in Gestalt der Tauben erschienen ist, so ist doch wahr, daß die Menschen an diesem Tag nicht wie die Tauben, sondern wie die Raben leben und besonders an diesem Tag das stinkende Aas suchen. Obschon Gott an diesem Tag das Wasser in Wein verwandelt hat, so ist doch wahr, daß bei den meisten Christen ihr heiliges Vorhaben an diesem Tag zu Wasser wird. Obschon Gott an diesem Tag mit Palmzweigen empfangen worden ist, so ist doch wahr, daß an diesem Tag das Seelenheil kaum auf einen grünen Zweig kommt. Obschon Gott an diesem Tag glorreich von den Toten auferstanden ist, so ist doch wahr, daß sehr viel Christen durch Todsünden, die sie an diesem Tag begehen, wiederum sterben. Obschon Gott der Herr an diesem Tag den heiligen Geist in Gestalt des Feuers geschickt hat, so ist doch wahr, daß an diesem Tag nichts mehr brennt als das Venusfeuer. Obschon Gott der Herr an diesem Tag die Apostel in alle Welt ausgesandt hat, das Evangelium zu predigen, so ist doch wahr, daß die Leute meistens an diesem Tag dem Evangelium zuwider leben; denn die meisten Sünden und Laster sparen die Leute auf den Sonntag auf."

„Mir, mir", sagt Gott, „gehört und bleibt der Sonntag und der Feiertag, und du, verdammter Bösewicht, hast dich seiner nicht anzumaßen. Es ist zwar nicht ohne, daß sehr viele diesen Tag mehr heillos als heilig verbringen, aber ich hab als gerechter Gott auch immer diejenigen reichlich belohnt, die diesen Tag heilig und andächtig gehalten haben. Und die Übertreter dieses meines Gebotes haben oft die wohlverdiente Straf' bekommen."

Heilsames Gemisch-Gemasch

Lamentationen

„Pater", spricht einer, „es geht mir nichts nach Wunsch und Willen in meinem Hauswesen; mein Weib ist ein lebendiger Teufel, obwohl sie Baberl heißt; die heilige Barbara hat man mit einem Turm gemalt, ihr aber stünd' das Narrenhäusel besser an, denn sie geht den ganzen Tag herum, als wäre sie von Sinnen! Die Fratzen schreien, das Weib turniert, die Dienstboten wollen nicht bleiben, alle 14 Tag ein anderes Kuchelmensch, kein gutes Aug' beim Tisch, ich kann auf solche Weise nicht mehr mit ihr leben".

Ach, du einfältiger und ungeduldiger Mann! Was beklagst du dich denn? Tanz, wie dir

Gott pfeift! Es geschieht wohl öfters, daß ein junger Gesell', der sich in der Jugend nicht gut verhalten hat, endlich im Ehestand ein böses Weib zum Lohn bekommt – denn nichts geschieht ohne den göttlichen Willen:
Nicht eine einzige Blattern ist aufgegangen am Leib der Israeliten ohne den Willen Gottes.
Nicht ein einziger Frosch hat gequackt in Ägypten zur Zeit Pharaos ohne den Willen Gottes.
Nicht eine einzige Laus hat den gottlosen Herodes gebissen ohne den Willen Gottes.
Die Schwalben haben auf die Augen des Tobias keinen Kot fallen lassen können ohne den Willen Gottes.
Also geschieht es auch nicht ohne den Willen Gottes, daß du in diesem elenden Stand bist, daß dir ein anderer vorgezogen wird; das alles ist der Wille Gottes. So tanze denn, wie Gott pfeift, und füg' dich in seinen göttlichen Willen.

Es kommt in das Messer keine Scharten,
Es verwelkt keine Blum' im Garten,
Es fliegt kein Vogel über'n Kopf,
Es fällt nicht ein Haar vom Schopf,
Es rührt sich kein Blatt vom Baum,
Es vergeht auf dem Wasser kein Schaum,
Es plagt und beißt keine Mücke im Feld,
Es geschieht nichts in der Welt

ohne den Willen Gottes; also verlang, was Gott will, also tanz, wie Gott will, tanz gern, denn du mußt ja doch tanzen, wie dir Gott aufpfeift.

Abrahamische Lauber-Hütt'

Der verfluchte Niemand

Wer ist die Ursache allen Übels, aller Gottlosigkeit, aller Laster, aller Sünden, aller Verbrechen, allen Mutwillens, aller Unzucht, aller Missetaten? Niemand, ja Niemand. O verfluchter Niemand! Der verursacht alles Übel, wenn nämlich der betörte Sünder sagt: „Niemand sieht's, Niemand hört's, Niemand weiß es."
Daß kohlschwarze Raben nach stinkendem Aas trachten, daß schwarze Kotkäfer im Mist und Unflat herumwühlen, ist kein Wunder; aber von weißen Tauben wundert's mich.
Zwei alte Richter zu Babylon, schon weiß wie eine Taube, haben den Weibsbildern noch schöne Augen gemacht. So heißt es: Unter der grauen Asche findet man oft eine Glut, unter den grauen Haaren findet man oft einen Kitzel und Übermut. Unter dem weißen Schnee

findet man oft einen Misthaufen; unter den weißen Haaren tut oft Cupido schnaufen. Solche alten Krausköpf und Mausköpf sind natürlich wie die Blätter des Eschenbaums, die auf einer Seite ganz weiß, auf der anderen ganz grün sind: So waren diese alten Richter richtige Steiger: weiße Haare, aber darunter noch ein grüner Mutwillen. Diese zwei alten Vögel sind fast so gewesen wie der Berg Ätna, der sich zur Winterszeit über mit Schnee bedeckt und doch inwendig mit lauter Feuer gefüttert ist; diese zwei alten Lümmel sind wie der Kalk gewesen, der zwar weiß ist, aber voller Hitz. Diese zwei haben die Augen auf eines g'worfen: Sie haben nämlich öfters gesehen, daß die Frau Gemahlin eines vornehmen Herrn, namens Susanne, in ihrem Garten spazierte. Besagte Susanne hat ein sehr schönes G'sicht und eine feine Gestalt gehabt, weshalb diesen alten Möchtegerns dieser rote Apfel den Mund wässerig gemacht hat, weshalb den alten Stockfischen diese mit so schöner Menschenhaut geköderte Angel so gut gefallen hat, daß sie allen Fleiß angewendet haben, dieses Wildpret ins Netz zu jagen.
Wie nun einmal die schöne und tugendhafte Frau in den Garten getreten ist, um sich in der kühlen Abendluft etwas zu ergötzen, da haben sich die beiden alten Sünder in einem schattenreichen Busch verborgen. In dem

Dornbusch, den Moses gesehen hat, hat ein göttliches Feuer gebrannt, aber in diesem Busch hat sich ein teuflisches Feuer sehen lassen. Wie diese unverschämten Vögel die schöne Susanna erblickt haben, haben sie sich nichts anderes gewünscht, als daß sie Mistkäfer wären bei dieser schönen Rose. Ihre schändliche Gier wurde noch heftiger entzündet, als sie bemerkten, daß die edle Susanne wegen der großen Sonnenhitz' ihren Alabasterhals etwas entblößt hatte, ja schließlich, als sie sich die Kammermenscher vom Hals geschafft, in einer wasserreichen Grotte – wo der geißfüßige Waldgott häufig einen kristallenen Brunnenquell mit vernehmlichem Getös' spendet – die Kleider ausgezogen und angefangen hatte, sich zu baden. Daraufhin sind diese zwei alten Böcke – von unsinniger Begierde ganz entzündet – gleich hervorgesprungen und haben sie so angeredet: „Wir sind in dich verliebt, die Tür des Gartens ist verschlossen und niemand sieht uns.“ – O du verrückter Niemand! Es stiftet doch keiner mehr Übel als der Niemand!

Judas der Erzschelm

Beten ist nicht immer gut

Meine Frau Theresia ist den ganzen Tag in der Kirchen. Sie betet, daß ihr fast das Maul staubt; sie tunkt fast alle Tag einen ganzen Weihwasserkessel aus; sie trägt einen Sack voller Bücher mit sich, daß man damit ein Dromedar beladen könnt'; sie verbrennt fast täglich etliche Klafter Wachskerzerln. Inzwischen aber leidet die ganze Wirtschaft zu Haus; das Gesinde lebt sorglos epikurisch; ihr Herr, der Johannes, donnert und hagelt im Haus herum, voll Grimm und Zorn, weil in keinem Winkel ein Winkelmaß oder Ordnung ist. Wer ist denn an all dem schuld? Das gar zu viele und lange Beten der Frau Theresia, denn man muß nicht ununterbrochen beten, sondern so, daß man nicht die Arbeit und das Hauswesen vernachlässigt.
Das Gebet muß mit der Arbeit gehen wie die zwei Jünger nach Emmaus. Das Gebet muß mit der Arbeit verschwistert sein wie Maria und Martha; das Gebet muß mit der Arbeit abwechseln wie Sonne und Mond am Himmel; das Gebet muß an der Arbeit sein wie die Hacken am Stiel.

Heilsames Gemisch-Gemasch

Schmeichler

Wer heucheln kann und schmeicheln kann, der ist heut' ein gemachter Mann.

Seit die Schmeichler in Sang und Klang sind, ist die Leichtfertigkeit eine Freundlichkeit, der Zorn ein Ernst, der Diebstahl eine Wirtschaft, die Schmeichelei eine Politik, die Unzucht eine Vertraulichkeit, der Stolz eine Mode, der Teufel ein Engel geworden.

Ist der Herr ein Ehebrecher, so nennt ihn der Schmeichler einen galanten, freundlichen Mann; ist der Herr ein Geizhals, so nennt ihn der Ohrentitler einen guten Wirt; ist der Herr ein rotnasiger Wein-Grill und ein versoffener Badeschwamm, so nennt ihn der Schmeichler einen lustigen Mann, der einem Glasl Wein nicht abhold ist. Saubere Gesellen sind das!

Judas der Erzschelm

Die gute Gelegenheit

Die Gelegenheit ist der größte Dieb, der ärgste Teufel, ja der Teufel aller Teufel . . . Aber der Teufel stiftet nicht alles, sondern das meiste Übel geschieht durch die gute Gelegenheit.

Ich bin zwar nie ein guter Freund des Teufels gewesen, bin es auch jetzt noch nicht; nichtsdestoweniger muß ich den Teufel hier entschuldigen, denn obwohl er böse ist, so ist doch die gute Gelegenheit weit ärger.
Ein Galan ist z. B. in ein schönes Töchterl verliebt und möchte sie gern anreden; er paßt sie in der Kirche ab, da geht's nicht; er wartet auf sie auf der Straße, da sind zu viel Leut; er geht bei der Haustür vorbei, die Tür ist zugesperrt; er schaut hinauf zum Fenster, das liebe Kind läßt sich nicht sehen. Endlich gehen die Eltern aus, da läuft die Kupplerin zum Herrn Leander: „Aber jetzt g'schwind, Herr Leander, jetzt ist es Zeit, die Gelegenheit ist da, die Jungfrau Thereserl ist ganz allein im Zimmer." Da fängt man an zu galanisieren, zu karessieren, zu ambrassieren. Und der arme Teufel kann nichts dafür, sondern die Gelegenheit facht diesen Venusbrand an, und die alte Hexenmeisterin, die Kupplerin (ich bitt um Verzeihung, ich hab einen Fehler gemacht, ich hätte sollen sagen: Die Gelegenheitsmacherin)!
Das Frauenzimmer, besonders das ledige, hat sich mehr vor der Gelegenheit als vor dem Teufel zu hüten. Der Teufel läßt sich mit dem heiligen Kreuz vertreiben oder mit einem Tropfen Weihwasser, aber die Gelegenheit nicht. Lernt was daraus, meine lieben

Jungfrauen. Und ihr Vorwitzigen, die ihr fremde Schönheiten und Venusgesichter betrachtet! Hört mir zu, die ihr euch täglich bei den Schaubühnen und Komödien einfindet und saget: wir schauen zwar zu, aber dadurch werden wir weder bewegt noch befleckt. Also das verbitt' ich mir höflich, wenn ich zu eurer Aufschneiderei noch ein gespitztes Maul machen und pfeifen muß . . ."

Die Gelegenheit ist weit über den Teufel, sie betört die Weiseste, sie entkräftet die Stärkste, sie befleckt die Keuscheste, sie hintergeht die Behutsamste, sie verführt die Heiligste; kurz: Was der Teufel nicht ausricht't, das schafft die böse Gelegenheit . . .!

Abrahamisches Gehab dich wohl

Bagatell führt in die Höll'

Bekannt ist jene Trauerg'schicht' eines Bürgermeistersohnes in Lübeck, bei dem die Frau Mutter anfangs zu viel übersehen und die kleinen Fehler nicht gestraft hat. Der hat sich nach und nach in allerlei Laster gestürzt. Wie er aber all das Seinige verschwendet hatte, da ist er wegen seiner Armut in Verzweiflung geraten und hat sich selbst umgebracht. Am Anfang hat er nur gesehen; das Sehen hat aber die Gedanken geboren, die Gedanken haben das Wohlgefallen geboren, das Wohlgefallen hat den Willen geboren, der Wille hat das Werk geboren, das Werk hat die Gewohnheit geboren, die Gewohnheit die Verzweiflung, die Verzweiflung aber die Verdammnis geboren.

IV.

Freud' und Leid im Ehestand

Das Joch des Ehestandes

Will er sauer, so will ich süß,
will er Mehl, so will ich Grieß.
Schreit er Hu, so schrei ich Ha,
ist er dort, so bin ich da.
Will er essen, so will ich fasten,
will er gehen, so will ich rasten.
Will er rechts, so will ich links,
sagt er Spatz, so sag' ich Fink.
Ißt er Suppe, so ess' ich Brocken,
will er Strümpf', so will ich Socken.
Sagt er ja, so sag ich nein,
sauft er Bier, so trink' ich Wein.

Will er dies, so will ich das,
singt er den Alt, so sing' ich den Baß.
Steht er auf, setz' ich mich nieder,
schlagt er mich, so kratz' ich wieder.
Will er Hü, so will ich Hott,
das ist ein Leben, erbarm es Gott.

Merk's Wien

Der Ehestand und die bösen Weiber

Wie zwiefelt nicht mancher Ehemann sein armes Weib! Wie zwiefelt nicht manche Ehefrau ihren Mann! Wie zwiefeln einen nicht oft seine eigenen Kinder! Wie zwiefeln nicht manchen seine Dienstboten! Es gibt mit einem Wort im Ehestand Zwiefel ohne End, Leiden ohne Zahl, Keilerei ohne Grund – in der Küche, Stube und Kammer findet man oft lauter Jammer.

Die Eheleute müssen einen guten Kopf haben, da sie recht oft über den Kamm geschoren werden.

Die Eheleute müssen gute Zähne haben, denn sie müssen recht oft etwas verbeißen.

Die Eheleute müssen gute Finger haben, denn sie müssen recht oft durch dieselben schauen.

Die Eheleute müssen einen guten Rücken haben, denn sie müssen recht viel ertragen.
Die Eheleute müssen einen guten Magen haben, denn sie müssen viele harte Brocken schlucken.
Die Eheleute müssen eine gute Leber haben, denn es kriecht ihnen recht oft etwas darüber.
Die Eheleute müssen gute Achseln haben, denn sie müssen dieselben oft über eine Sache zucken.
Die Eheleute müssen gute Füße haben, denn es drückt sie der Schuh gar vielfältig – mit einem Wort, die Geduld ist die erste Aussteuer, die die Eheleute haben müssen.
Dabei wird man aber nicht bald andächtigere Leute finden als die Eheleute, denn sie gehen fast alle Tag mit dem Kreuz und kommen mir vor wie die Schifferl am Gestade, die zwar angebunden sind und ausschauen, als genießen sie die Ruhe; man wird aber doch sehen, daß eines das andere stößt: genauso sind die Eheleute durch das heilige Sakrament und das einhellige Ja zusammengebunden.
Auch ihr Stand scheint ein Ruhestand zu sein; man wird aber dennoch merken, daß eines das andere plagt, und tut es nicht hageln, so zeigen sich doch manchmal die Blitze.
Der Ehestand kann schließlich mit der vergoldeten Arche des Bundes im Alten Testament verglichen werden, auf der zwei

goldene Cherubim waren, die auf Befehl Gottes einander anschauen mußten – so soll im Ehestand eines das andere freundlich ansehen und nicht sie gegen den Orient, er aber gegen den Okzident. Auf solche Weise sind sie den samsonischen Füchsen gleich, die die philistäischen Felder in Brand gesteckt haben: diese waren hinten zusammengebunden, aber die Köpf' waren weit voneinander, und der eine schaute hü, der andere hott. Ach Gott, das ist ein Spott!

Daher, meine Weltkinder! Wenn euch der Mund noch so wäss'rig nach dem Ehestand ist, so legt zuvor alles auf die Waagschale; fahrt nicht zu gach in den Haferbrei, damit ihr euch nicht das Maul verbrennt; überlegt schön reiflich alle Umständ', alle Eigenschaften und Neigungen der Person, mit der ihr euch verbinden wollt.

In der neuen Welt ist eine Insel mit Namen Ceiba, wo so dicke Bäume wachsen, daß einen allein kaum vierzehn Männer mit ausgespannten Armen umfangen können. Aus so einem Baum könnte man ein sehr großes Kreuz zimmern; aber ein böses Weib ist ein noch viel größeres Kreuz. Es ist besser, sagt die heilige Schrift, es ist besser, in einem wüsten Lande zu wohnen, als bei einem zänkischen und zornigen Weib. Es ist besser, sich in der Wüste aufzuhalten bei giftigen Basilisken, bei grausamen Schlangen, bei schrecklichen Drachen, bei schädlichen Krokodilen, bei wilden Salamandern, bei blutgierigen Tigern, bei zornigen Löwen, Bären und Wölfen, als bei einem bösen Weib.

Ein böses Weib ist der Schiffbruch ihres Mannes, ist ein steter Wetterhahn im Haus, ist eine übelklingende Klapperbüchsen, ist ein fränkischer Stiefelbalg, den man fast immer schmieren sollte, ist ein gewichster Wettermantel, in den das Wasser der Ermahnung nicht eindringt, ist ein Blasbalg des feurigen Zorns, ist ein Zugpflaster des Beutels, ist ein Maultier, das manchen armen Mann zu Tod beißt, ist eine Quartierstube aller Bosheit, ist ein brabantisches Stammwappen, in dem ein zänkischer Hundskopf ist, sie ist eine giftige Schlange, ein bitteres Aloe, ein übler Sauerampfer, sie ist ein ewiger Blas-mich-an, ist eine Kommissarin der drei Furien, ist das letzte G'satzel im Vaterunser: „Erlöse uns von allen Übeln"; sie ist eine falsche Schatten- und Schadenuhr, ist ein höllischer Brennspiegel, ist der Kehraus der Fröhlichkeit, ist ein stets brummendes Wespennest, ist dem Vulcanus seine Beißzangen, ist ein immerwährendes Igelfest, ist eine Haspel der Ungelegenheiten, ist ein Jahrmarkt der Zankwörter, ist, ist, ist, ja daß man's gar nicht genug beschreiben kann.

Judas der Erzschelm

Die Weiber übertreffen die Männer

Daß die Weiber die Männer an Frömmigkeit und Andacht weit übertreffen, davon konnte man sich schon zur Zeit des Leidens Christi überzeugen, wo sich keine einzige Mannsperson des gebenedeiten Heilands angenommen hat, ja sogar seine eigenen Jünger und Apostel das Fersengeld gegeben und sich aus dem Staub gemacht haben. Es hat zwar dazumal wenig gestaubt, weil der Erdboden vielerorts mit dem kostbaren Blut Jesu benetzt war.
Alle Männer haben den Herrn verlassen, nicht aber die Weiber, weil sie fromme und gottselige Kreaturen sind und häufig und in ziemlich großer Anzahl Christus dem Herrn mit großem Weinen und herzlichem Mitleid bis auf den Kalvarienberg das Geleit gegeben haben.

Judas der Erzschelm

Weiblicher Übermut

Der Aff ist ein lächerliches Tier, der Pfau ist ein stolzes Tier, der Papagei ist ein geschwätziges Tier, der Fuchs ist ein arglistiges Tier, der Hund ist ein treues Tier, die Katz ist ein schmeichelndes Tier (diese Katze hat übrigens Mohammed, der falsche Prophet, so lieb gehabt, daß er einmal, als eine große Katze an seiner Seite auf einem kostbaren Zobelpelz gesessen und zu schnarchen angefangen hat, er aber zu einem Gottesdienst gerufen wurde, diese nicht von ihrem Schlaf aufwecken wollte, sondern in aller Stille den Zobelpelz, auf dem die Katz' gelegen ist, rundherum mit einer Schere abgeschnitten hat, damit diese pelzene Mausefalle in ihrem Schlaf nicht gestört wird). Der Elefant ist ein plumpes Tier, das Pferd ist ein stolzes Tier, das Kamel ist ein belastbares Tier, der Löwe ist ein starkes Tier, der Tiger ist ein schnelles Tier, der Esel ist ein faules Tier. Aber das allerübermütigste Tier ist – das Weib.

Die Weiber wollen alles wissen, alles beschnarchen, alles begucken, alles auskundschaften, in allen Landschaften alles schmekken, alles belecken, alles austragen und ausfragen, sowie gleich bei der Erschaffung der Welt der Übermut unsere erste Stammutter Eva getrieben hat, daß sie ihre Hände nach der verbotenen Frucht ausgestreckt hat, als ihr der falsche Prophet, der Teufel in Gestalt der Schlange, so geschickt vorgelogen, daß die Jungfrau Everl bald eine Göttin werde „eritis sicut dii“. Und von da an bis auf den heutigen Tag gehört zum weiblichen Geschlecht der Übermut.

Abrahamische Lauber-Hütt'

Die Frösche

Bekannt ist jene Fabel von den jungen Fröschen, die einmal in der warmen Sommerszeit bei einer Lacken so laut gequackt und geschrien haben, daß selbst ein alter Frosch über diese abgeschmackte Musik verdrießlich geworden ist und die Jungen nicht wenig beschimpft hat: „Schamt's euch, ihr grünhosigen Fratzen“, sagt er, „ihr wilden Lackentrescher, ihr hupfenden Spitzbuben, schamt's euch, daß ihr so ein verdrießliches Geschrei aufführt; wenn ihr aber schon lustig sein wollt und frohlocken, so singt wenigstens wie die Nachtigall, die da nebenan auf dem Nest dasitzt. Ihr großmäuligen Narren, könnts denn nichts anders, als nur das Qua, qua, qua?“ „Vater“, antworteten die Froscherln, „das haben wir von dir gelernt.“

Heilsames Gemisch-Gemasch

Die heutige Jugend

Frisch, frech, fröhlich, frei und freundlich ist die Jugend, weshalb Jugend und Tugend selten beisammen sind. In der Jugend ist das Blut voller Mut. In der Jugend tut man laufen und raufen. In der Jugend tut man springen und ringen. In der Jugend sieht man nichts als Lust und Gunst. In der Jugend wollen die Augen alles sehen, die Ohren alles hören, die Nase alles riechen, die Zunge alles kosten, die Hände alles betasten.

Die Jugend ist wie ein Häfen am Feuer, voller Hitz.

Sie ist wie ein Aal in der Hand, voller Schlüpfrigkeit.

Sie ist wie ein Vogel in der Luft, voller Freiheit.

Sie ist wie ein Schifferl im Meer, voller Ungestüm.

Sie ist wie ein Krebs im Wasser, hinter sich und vor sich.

Sie ist wie ein Pferd ohne Zaum, voller Übermut.
Sie ist wie eine Fackel bei einem Strohdach, voller Gefahr.

Wohlangefüllte Weinkeller

Moderne Erziehung

Wie werden heutzutag die Kinder erzogen? Die Kinder kommen aus der Wiege, so werden sie schon geschmiert, geschnürt, geschmückt, gedrückt, und die Seel' hat in ihrem zarten Leib ein gar hartes Quartier, indem die Kinder gleich von Jugend auf mit Brusteisen und Halseisen derart zusammengepreßt werden, daß sie fast keinen Atem schöpfen können. Das alles geschieht, damit man sie gewöhnt, einen geraden Leib zu bekommen – und sollte man ihnen auch einen Bratspieß durchziehen, so ist es eben der Brauch der Welt.
Dann muß der Tanzmeister kommen. Da wird der kleine Franzl instruiert in dem Tanzl; die Jungfrau Gretl tanzt ein Menuettl, die Mariandl ein Sarabandl und einen Bourée die junge Dorothee. Sie bücken sich weit tiefer beim Tanzen als in der Kirche vor der Monstranzen.

Dann meldet sich auch der Sprachlehrer an. Da müssen sie schon französisch plappern als wie die Paperln, schreien oui, oui, oui gleich wie die Schwein; dieses geht ihnen weit besser als das Vaterunser ein. Da sie nun das Komplimentemachen viel früher als die Artikel des Glaubens auswendig gelernt haben, mischen sie die Karten oder gehen im Sommer in den Garten, jedoch beileibe nicht mit nüchternem Magen; denn kaum wenn die Kinder in der Früh munter sind, da tragt schon der Diener oder die Magd den Kaffee herein. Da sie nun von Kindheit an zu allen Niedlichkeiten und Eitelkeiten erzogen worden sind, ist es dann ein Wunder, daß sie mit der Zeit so wenig die Gewohnheiten der Kirche achten? Zum Beten sind sie stumm und gaffen, die Affen, überall herum, ob sie vielleicht da oder dort einen Galan stehen sehen, oder was der junge Herr für eine neue Perücke tragt, was das Fräulein Leonorl für ein Kleid anhat, ob sie einen wohlgestalteten Leib hat. Fangt dann so ein Frauenzimmer an zu beten, so hat sie tausenderlei ausschweifende Gedanken.

Alle diese Ausschweifungen, Irrungen und Verwirrungen kommen aus der schlechten Gewohnheit in der Jugend; denn wer in der Jugend wie ein Rabe schreit, wird im Alter kaum wie eine Nachtigall singen. Noch dazu

arten die Kinder den Spiegeln nach, die alles zeigen, was vor ihnen geschieht.
Gehen nun die Eltern meisterlos mit den Kindern um, so werden die Kinder bald den Meister spielen. Sieht das Kind, daß die Eltern fromme, gottesfürchtige Leute sind, so wird das Kind auch gottesfürchtig; wenn es aber nichts anderes vor Augen und Ohren hat als raufen, saufen, buhlen, spielen, prassen, lachen, herzen, scherzen, fluchen, schelten, schwören, da heißt es: wie die Alten sungen, so zwitschern die Jungen.
Heute geschieht es oft in der Welt, daß die Eltern ihre Kinder für Abgötter halten und aus manchem lasterhaften Fratzen einen Götzen machen. Wie verhätschelt und verzärtelt man nicht heutzutag die Kinder! Der Lehrer oder Erzieher darf sie nicht bös anschauen, ja, die Dienstboten müssen die Schuh ausziehen und gleichsam auf den Zehenspitzen gehen, wenn der Hanserl schnarcht und das Mariandl schlaft. Alteriert sich das Söhnl oder das Töchterl nur im geringsten, so schickt man gleich zum Doktor wegen der Tochter. Fast alle Apotheken lauft man ab und kauft man aus, nur damit der goldene Schatz und Engel bald wieder gesund wird.
Wie ziert man nicht die Kinder, wie schnürt man nicht die Kinder, wie herzt man nicht die Kinder, wie scherzt man nicht mit den

Kindern, wie erfreut man nicht die Kinder, wie kleid't man nicht die Kinder – wie die kleinen Palmesel und jetzt fehlt nur mehr, daß die Eltern ihre eigenen Kinder anbeten wie den Abgott Moloch. Diese narrische Kinderliebe kommt aber von der bösen Gewohnheit, die derartig stark eingerissen ist, daß dieser Irrtum für ein Gesetz gehalten wird.

Abrahamische Lauber-Hütt'

Eine richtige Jungfrau

Eine richtige Jungfrau muß wie die Karfreitagsglocken sein: die läßt nicht viel von sich hören.
Eine richtige Jungfrau muß wie eine Orgel sein. Wenn die nur ein wenig an'tast't wird, so schreit sie.
Eine richtige Jungfrau muß wie der Palmesel sein. Der läßt sich nur einmal im Jahr sehen.
Eine richtige Jungfrau muß wie eine Spitalsuppe sein. Die hat nicht viel Augen zum Herumgaffen.
Eine richtige Jungfrau muß wie eine Nachteule sein. Die kommt nicht viel ans Tageslicht.
Eine richtige Jungfrau muß wie ein Spiegel

sein. Wenn man dem zu nah' kommt und anhaucht, so macht er ein finsteres G'sicht. Eine richtige Jungfrau muß wie ein Lichterl sein, daß sicher in der Latern' eing'sperrt ist. Aber ganz besonders muß eine richtige Jungfrau wie eine Schildkrot' sein. Die ist nämlich immer zu Haus, weil's ihre Behausung mit sich tragt.

So soll sich auch eine richtige Jungfrau meistens zu Haus aufhalten und alle bösen Gelegenheiten vermeiden. Denn so wie der gute Samen des Ackermanns im Evangelium, der auf den Weg gefallen ist, von den Vögeln verzehrt worden ist, genauso ist's mit den ehrsamen Jungfrauen: Wenn die sich alleweil auf den Straßen und Gassen herumtreiben, dann sind sie vor den lockeren Vögeln nicht sicher. Wär' die Dina, das saubere Töchterlein vom Erzvater Jakob schön zu Haus geblieben und hätt' die Gefahr gemieden, so wär' sie nicht so schändlich um ihre Ehr' gekommen.

Judas der Erzschelm

Wen man ins Kloster steckt

Wann ein Kind, das feine Glieder hat, in ein Kloster gehen will, sich Gott dem Allmächtigen zu ergeben und ein geheiligtes Opfer zu werden, dann protestiert der ganze Bekanntenkreis heftig.
Wenn es aber einäugig ist, heißt es: Nur fort damit, denn man muß im Kloster ohnehin gar oft ein Aug' zudrücken.
Wenn es auf einer Seiten einen Buckl hat, nur fort damit, im Kloster gibt es alle Tag etwas zum Schleppen.
Wenn es auf einem Fuß etwas hinkt, nur fort damit, im Kloster geht es auch nicht immer g'rad' zu.
Wenn es ein wenig dalkt und mit der Sprach' nicht weiterkommt, auch fort damit, im Kloster darf man ohnehin nicht immer das Maul auftun.

Abrahamische Lauber-Hütt'

Bitter ist der Ehestand

„Steht er auf, so sitz ich nieder;
Schlagt er mich, so schlag' ich wieder;
Will er dies, so bin ich z'wider;

Nimmt er die Peitschn, so nimm ich die Schlüssln;
Wirft er mit Krügen, so wirf ich mit Schüssln;
Greift er zum Degen, so nimm ich die Zangen;
Schlagt er in d'Augen, so kratz ich die Wangen;
Kann ich dann endlich mich seiner nicht wehren,
Tu' ich den ganzen Tag fluchen und schwören.
Ei, daß Gott im Himmel erbarm!
Ist ja besser leben arm,
Leben als Witwe hinter der Mauer,
Leben allein und in der Trauer
Als ein solches Leben führ'n,
Beißen in die saure Birn,
Baden in so heißem Öl,
Haben hier und dort die Höll!"

Abrahamische Lauber-Hütt'

V.

Sterben und Tod

Vom ruhigen Sterben

Wie ein angezündetes Licht, sobald es angebrannt worden ist, von seinem Wesen etwas durchs Feuer verliert und, je länger es brennt, desto kürzer wird und fast unmerklich abnimmt, bis es endlich ganz ausgebrannt ist und erlischt, vergeht und stirbt und nichts hinterläßt als ein wenig Docht, Unflat und Gestank, wovor man die Nasen zuhält, so geht's sowohl den in den Gedanken der Stolzen verachteten Lichtlein als auch den größten Kirchen- und Staatslichtern der Welt. Für sie alle gilt „quotidie morimur" – wir sterben täglich und verlieren alle Stunden eine

Stund von unserem Leben und eilen dem Ende zu. Je länger wir leben, desto mehr sterben wir. Wir meinen zwar oft, unser Leben sei einer langen, großen Wachskerze gleich, die lang zu brennen pflegt, und bilden uns ein, wir werden noch lange und herrlich leuchten, aber unser ganzes Leben ist oft nur ein Stümpflein, nur ein dünnes Gaukellichtlein, das, ehe man sich's versieht, auslöscht.

Wie viele verlöschen schon in der Latern', das ist im Mutterleib; vielen, die kaum etliche Stunden brennen, bläst der Tod das Lebenslichtlein plötzlich aus. Kaum weht ein rauhes Lüfterl, ein Fieberlein, eine Gelb- oder Schwindsucht, ein Schlagerl sowohl Große wie Kleine, Hohe wie Niedere, Reiche wie Arme ein wenig an, so ist's schon um sie geschehen – das Lebenslicht ist ausgelöscht. Absonderlich geht es oft zur Zeit der Pestilenz oder im Krieg zu, da bläst immer einer dem anderen das Licht aus, ehe man hui oder pfui sagt, da hält man bald die Nase zu und fürcht't sich vor dem Totenblasbalg.

Wer stirbt, ehe er stirbt, der stirbt nicht, wann er stirbt. Zu dieser Kunst, täglich zu sterben, gehört mehr als ein Paar Schuh, mehr als ein geistlicher Ruck, mehr als eine Kapuzinerkutten. Wir brauchen nur unseren Busen zu fühlen und die Schläge unseres Herzens zu zählen; um jeden Schlag kommen wir dem letzten näher, wenn dann das Herz zerbricht und nicht mehr schlägt. Deshalb pflegt man für gewöhnlich zu fragen, wieviel es gerade geschlagen hat, wenn ein Mensch gestorben ist, damit man aufschreiben kann, in welcher Zeit und Stunde er verschieden ist.

Hörst du aber eben jetzt, da du das liest, eine Uhr schlagen, schlägt's drei, vier, fünf oder das eine und andere Viertel einer Stunde – vielleicht ist gerade das die Zeit, wo man auch von dir sagen wird: Um diese Stunde und diese Viertelstunde ist der oder die verschieden und hat eben den letzten Schnaufer getan.

Diese Meditatio mortis soll unser ganzes Studieren sein, dann werden wir nicht Zeit haben, uns mit so vielen eitlen, irdischen, nichtigen, ja sündigen, in die Verdammnis führenden Dingen abzuschleppen und die Köpfe darüber zu zerbrechen und so das Nötigste, die Kunst, täglich und selig zu sterben, darüber nicht versäumen, wie das viele tausend Sterbliche tun, die von keinem Sterben hören noch wissen wollen und, wenn's möglich wäre, gern ewig lebten; aber, allein schon deshalb, weil sie sich vor dem Sterben fürchten, so sterben sie schon täglich, ob sie es nun wollen oder nicht, es muß sein! Und jeder Mensch muß bekennen: Ich sterbe täglich.

Wohl aber denen, die täglich absterben und das Irdische beizeiten verachten lernen! Sie werden im Sterben täglich und stündlich zum ewigen Leben neugeboren werden.

Besonders möblierte und gezierte Totenkapelle

... so bist du doch nur ein Mensch

Die Tage des Menschen sind kurz!
Bist du schöner als Absalon, so bist du doch nur ein Mensch;
bist du so stark wie Samson, so bist du doch nur ein Mensch;
bist du so weise wie Salomon, so bist du doch nur ein Mensch;
bist du so wohlgestaltet wie Rachel, so bist du doch nur ein Mensch;
bist du so reich wie Krösus, so bist du doch nur ein Mensch, und darum keinen Augenblick sicher, daß dir nicht Gott den Lebensfaden abschneidet.

Hui und Pfui der Welt

Die Pest in Wien

In der Herren-Gassen hat der Tod geherrscht. In der Kluger-Straßen ist der Tod nicht klug gewesen, sondern verschwenderisch. In der Bogner-Gassen hat der Tod ziemlich abgeschossen. In der Singer-Straßen hat der Tod vielen das Requiem gesungen. In der Schuler-Straßen hat der Tod keine Vakanz gemacht. In der Riemer-Straßen hat der Tod aus fremden Häuten Riemen geschnitten. In der St. Dorothea-Gassen hat der Tod keinen Feiertag gehalten. In der Bäcker-Straßen, Wallner-Straßen, Bräuner-Straßen, Kärntner-Straßen, Teinfalt-Straßen, Wipplinger-Straßen hat der Tod einen Straßenräuber abgegeben: In der Nagler-Gassen hat der Tod seine Pfeil gespitzt; in der Himmelpfort-Gassen hat manchen der Tod in den Himmel geschickt – oder daneben. In der Johannes-Gassen ist der Tod Joannes in eodem gewesen. Auf dem Hohen Markt hat der Tod viele erniedrigt. Auf dem Fischmarkt hat der Tod keinen Festtag gehalten. Auf dem Neuen Markt hat der Tod keinem was Neues gemacht.

Auf dem Kohl-Markt hat der Tod nichts als kohlschwarze Trauer-Kleider verursacht. Auf dem Kienmarkt hat der Tod auch Lichter angezündet. Auf dem Bauernmarkt hat der Tod viele Bürger angetroffen. Auf dem alten

Fleischmarkt hat der Tod auch seine Fleischschmankerln g'habt. Auf dem Saumarkt, nunmehr Schaumarkt genannt, hat der Tod manches Spektakel aufgeführt. Auf dem Graben hat der Tod nichts als eingegraben. Auf der Freyung waren wenige vom Tod befreit. Auf dem Heidenschuß hat der Tod auf die Christen geschossen. Auf dem Juden-Platz hat der Tod ziemlich geschachert. Auf der Seilerstätte hat der Tod vielen die Fallstricke gelegt. Auf der Brandstätten hat der Tod viele abgebrannt, daß sie zu Staub und Aschen geworden sind. Auf dem Salzgrieß hat's der Tod manchem versalzen. Auf dem Katzensteig hat der Tod viel gemaust. Den Sauwinkel hat der Tod ziemlich gesäubert. Bei den zwölf Aposteln hat der Tod einen Ischarioth abgegeben. Auf dem Grünanger hat der Tod gemacht, daß viele wie das Gras verdorrt sind.

Dem Peters-Friedhof hat der Tod seinen Namen gelassen. Auf der Hohen Brücke hat der Tod manchen gestürzt. Im Ofenloch ist manchem der kalte Todesschweiß über das Angesicht geronnen. Im Schlossergassel hat der Tod vielen die Tür in die Ewigkeit aufgesperrt. Im Jungferngassel hat der Tod galanisiert. Im Hutergassel hat der Tod nicht unterm Hut g'spielt, sondern öffentlich gewütet. Das Ratgassel ist vor dem Todt kein Rettgassel gewesen. Im Rosengassel hat der

Tod ziemlich viele gepflückt. Im Judengassel hat der Tod keinen Sabbath gehalten. Im Blutgassel ist auch der Tod nicht schamrot geworden. Im Renngassel sind dem Tod wenige entlaufen. Im Strohgassel hat es manchen auf dem Strohsack erwürgt. Im Färberstraßel hat der Tod viele mit der bleichen Toten-Farb angestrichen. In beiden Schencker-Straßen hat der Tod nicht vielen das Leben geschenkt. In der Lands-Kron hat der Tod das Szepter geführt. Auf der Fischerstiegen sind dem Tod viele ins Netz geraten. In der Weihburg hat der Tod einen Burggrafen vertreten. Im Stock im Eisen hat der Tod sich hart genug gezeigt.

Summa, es ist keine Gassen noch Straßen – wenn auch hier ihre Namen nicht alle aufgezählt sind – in Wien und in den weiten Vorstädten, die der rasende Tod nicht durchgestrichen hätte.

Merk's Wien

Sei ohne Hochmut

Bedenk wohl, daß der Tod nicht weiter zum Königshof hat als zum Bauernhof! . . . Cäsar, der römische Monarch, mußte nach verlorener Schlacht sein Heil in der Flucht suchen; wie er aber zu einem Fluß gekommen ist, wo weder eine Brücke noch ein Schiff vorhanden war, so ist er gezwungen gewesen, aus dringender Not seinen kaiserlichen Purpur samt aller Pracht abzulegen und am Gestad' zu lassen. Und ist so nackt hinübergeschwommen und hat nichts mit sich genommen als sein Buch „Commentarii de Bello Gallico", das er stets mit einer Hand in die Höhe gehalten hat. Unser Leben ist nichts anderes als ein stets rinnender Fluß, und im Tod ist es notwendig, auf das andere Gestad' der Ewigkeit hinüberzukommen. Aber nackt und bloß werden wir alle passieren, auch große Monarchen; und da wirst du, hochmütiger König, nichts mit dir nehmen, Kron und Thron hinterlassen, Münz' und Provinz fahren lassen, nichts mit dir nehmen als ein Buch, worin dein Lebenswandel geschrieben steht! Das bedenke wohl, dann wirst du bald den Hochmut fahren lassen.

Judas der Erzschelm

Buße auf dem Totenbette

Willst du frei sein von den Sorgen,
Spar' die Buß' nicht bis auf morgen.

Denn wenn die Buß' so kurz vor dem Ende geschieht, so ist sie keine wahre, sondern nur eine erzwungene Buße und ist bei Gott nicht einmal einen Heller wert.
Ich weiß die Ursach', warum Gott im Alten Testament nicht haben wollte, daß man ihm im Tempel zu Jerusalem Fische opfern soll. Obwohl doch Gott den Fischern besonders geneigt war, wollte er nicht, daß ihm Fische geopfert werden, und zwar weil man die Fische nicht lebendig nach Jerusalem bringen konnte. Tote mag Gott nicht, ein Totenopfer hält er nicht für anständig, also auch nicht die Buße auf dem Totenbett:

Wenn dere Leib schon kraftlos,
Und das Herz schon saftlos,
Und der Kopf schon sinnlos,
Und die Hand gewinnlos,
Da wird die Buß' sein heillos.

Deshalb hat Jesus mit großem Nachdruck zu den verstockten Sündern gesagt: Quaretis me, et non invenietis (Johannis 8.). Ihr werdet mich suchen und nicht finden, et in peccato vestro moriemini: und in euren Sünden werdet ihr sterben.

Abrahamische Lauber-Hütt'

Denk ans Ende

O unbeschreibliche Ängste auf dem Totenbett! Sobald des Menschen letztes Stünderl herbeinaht, so umgeben die höllischen Larven das Bett nicht anders als wie die Geier eine Taube, nicht anders als wie die Hunde einen Hasen, nicht anders als wie die Raben ein Totenaas. Da ist keine Gewalt, die sie nicht probieren, keine List, die sie nicht versuchen, keine Weise, die sie nicht annehmen, kein Schrecken, die sie nicht verursachen, keine Abscheulichkeit, die sie nicht anziehen; da zeigen sie dem armen Sterbenden alle Tage, alle Stunde, alle Augenblicke, die er gelebt hat. Da ist z. B. ein Sterbender, der dreißig Jahre gelebt hat, dem werden die bösen Feinde 10.950 Tage zeigen; sie werden ihm 262.800 Stunden zeigen; sie werden ihm 525.600 halbe Stunden zeigen; sie werden ihm 1,051.200 Viertelstunden zeigen; ja sie werden dem Sterbenden sogar 15,798.000 Augenblicke oder Minuten vor Augen stellen und einem jeden ganz genau vortragen, was er in dem betreffenden Augenblick getan und was er zu tun unterlassen hat. Das Böse, das er getan hat, werden sie vergrößern, die Barmherzigkeit Gottes werden sie vermindern, die Gerechtigkeit Gottes werden sie vermehren, die Hoffnung werden sie baufällig, die Verzweiflung werden sie notwendig machen. Was für ein schrecklicher Kampf für den Sterbenden!

Merk's Wien

Du bist ein Erdklumpen

Es heißt nicht nur nach dem Tod, wie von Lazarus gesagt und geklagt worden ist: Herr, er stinkt schon, sondern es heißt schon bei Lebzeiten, von der Geburt bis ins Sterbebett, also von jedem Menschen: Er stinkt schon. Es stinkt schon der königliche Prinz so kräftig wie des schlechten Mistbauern neugeborener Hansel. Warum? Sie sind beide aus einem Teig gebacken und aus Lehm angefertigt, obgleich

der eine weißer, zarter, schöner und dergleichen aufgezogen wird, der andere aber schwarz und ungeschlacht. Denn einer ist Erde wie der andere und muß wieder zu Erde werden, wenn er gleich von Zucker gebacken zu sein schiene. Verulamius erzählt, daß er einen alten Edelmann gekannt hat, der sich alle Morgen, wenn er aufgestanden ist, einen frischen Erdklumpen bringen ließ, daran er eine Weile gerochen und das als ein Mittel zur Erhaltung der Gesundheit und Verlängerung des Lebens ausgerufen hat.
Ich wollte, daß nicht nur alle Edelleute, sondern auch alle Kaiser, Könige, Fürsten, Geistliche und Weltliche, ja alle Menschen diese Gewohnheit hätten; wenn es dem Leib auch nicht zur Gesundheit dienen sollte, so wird es doch der Seele gewiß dienen, wenn sie sich dabei ihrer Sterblichkeit, und daß sie ursprünglich von der Erde gemacht worden ist und wieder Erde werden muß, fleißig erinnert.

Denn der Mensch mag sich aufblasen und brüsten wie der größte Frosch im Frosch-Mäuse-Krieg des Homer, so ist er doch nichts anderes als ein Erdklumpen, den Gottes Hand bald zermalmen und zu Kot und eitlem Staub und Asche machen wird. Es fängt ja oft mancher schon bei lebendigem Leib zu faulen und wie ein Aas zu stinken an, als wenn er schon vier Tage im Grab gelegen wäre, so, daß er sich an wohlriechenden Haarpudern, Zahnpulvern und Bisamkatzen fast arm zahlt. Besser wäre es, wenn wir Erde und Asche auf unsere Häupter streuten, in Sack und Asche mit Hiob Buße täten und uns selbst erinnerten: vergiß den Lehm nicht mehr, von welchem du kommst her.

Besonders möblierte und gezierte Totenkapelle

Der Prophet Ezechiel und die Beiner

Wunderbar hat der Prophet Ezechiel die Toten auferweckt. Gott führt ihn auf ein großes, weites, langes, breites und ebenes Feld hinaus und zeigt ihm da eine fast unzählbare Anzahl von fast ganz ausgedorrten Beinern von toten Menschen und schafft ihm zugleich, er soll ihnen in seinem Namen das Leben wiedergeben. Und was tut Ezechiel? Er gebraucht dazu eine seltsame Zeremonie: Er befiehlt den vielen tausend dürren Beinern, sich ohne weiteren Verzug zu ihrem Glied zu verfügen.

Das muß man gesehen haben, was da für ein Raffen und Getös' unter den Beinern entstanden ist. Hin und her, links und rechts, oben und unten und durcheinander in die Luft geflogen! Da ein Kopf, dort ein halber Kopf, da eine Hirnschale, dort ein Zahn, da eine Kniescheibe, dort eine Rippe, da ein Armbein', dort ein Fußbein, nicht anders, als würden die Schneeflocken fallen, denn ein jedes suchte sein Glied, wo es hingehörte.
Ich glaub', Ezechiel ist bald auf diese, bald auf jene Seite gegangen, um zu sehen, ob sich alle an ihren vorigen Ort begeben haben. Kann schon sein, daß er ein Bein, wenn er es beim Kopf gefunden hat, obwohl es zu den Füßen gehört, ernstlich angeredet hat, was das soll. Fort mit ihm! Es soll dorthin, wohin es gehört. Presto. Rasch und ohne Widerrede! Darauf wurden alle diese Beiner mit Sehnen, Adern und Fleisch überzogen, von vier Orten blies sie der Wind an, und sie wurden alle lebendig, sodaß ein großes Kriegsheer dastand.
Siehst du, sagt über diese Geschichte der hl. Vater Augustinus, daß zuerst die dürren Beiner vereinigt werden mußten, bevor sie das ewige Leben erhielten. Wer also das ewige Leben verlangt, der muß sich vorher mit seinem Feind vereinigen. Wenn das geschehen ist, dann kann er mit allem Fug und Recht bei

der Himmelspforte antworten – wenn Petrus ihn fragen wird: Wer da? – „Gut Freund!"

Hui und Pfui der Welt

VI.

Allerlei Gemisch-Gemasch

A.E.I.O.U.

Austria electa Jesu osculatur vulnera, das auserwählte Österreich küßt Jesu Wunden. Das kann man natürlich auch rückwärts lesen: U.O.I.E.A.: vulnera omnipotentis iterum elevabunt Austriam: die Wunden des Allmächtigen werden abermals Österreich erheben.

Abrahamische Lauber-Hütt'

Wegen der Leut'

Was leidet nicht die Kirche wegen der Leut'? Was leidet nicht die Tugend wegen der Leut'? Was leidet nicht der Himmel wegen der Leut'? Was leidet nicht Gott selbst wegen der Leut'? Hiob leidet unter dem Teufel, Pharao leidet unter den Fröschen, Schauern und Käfern, Herodes leidet unter den Würmern, die Knaben zu Zeit des Elisa leiden unter den Bären; Paulus leidet unter der Schlange. Fast ein jeder leidet wegen der Leut'. Man sagt ganz allgemein: Ich würde gern so und so leben, aber es ist mir nur wegen der Leut', was würden die sagen?

Was für eine läppische Furcht! Laß die Hunde bellen, laß die Ziegen meckern, laß die Schafe plärren, laß die Säue quietschen, laß die Gänse schnattern, laß die Hennen gackern, laß die Tauben gurren, laß die Katzen mauzen, laß die Hühner pipitzen und laß die Leute reden: Ihr Reden sticht dir nicht die Augen aus, wie der Heiligen Lucia. Ihr Reden schneidet dir nicht die Nasen und Ohren ab wie dem Heiligen Martial zu Cordoba. Ihr Reden bricht dir nicht die Zähn aus, wie der Heiligen Apollonia: Ihr Reden reißt dir nicht die Zunge aus, wie der Heiligen Basilissa zu Rom: Ihr Reden schlägt dir nicht den Kopf ab, wie dem Heiligen Paulus: Laß die Leut' reden, die

Leut' werden am Jüngsten Tag nicht für dich Antwort geben, die Leut' werden nicht für dich in die Höll' steigen, die Leut' werden nicht für dich ewig leiden. Also warum willst du wegen der Leut' das Gute unterlassen und das Böse tun? Laß also die Leut' Leut' sein.

Judas der Erzschelm

Was neu ist, das ist angenehm

Etwas Frisches und Neues, das gefällt seiner göttlichen Majestät, so hat er auch auf eine neue Manier geboren werden wollen, nämlich von einer Jungfrau. Er hat ein Neues Testament machen und in einem Grab begraben werden wollen. Gott selbst hat also gern etwas Neues, und es ist schon wahr:
Was neu ist, das ist angenehm,
Was neu ist, das klingt, was alt ist, hinkt,
Was neu ist, das schimmert, was alt ist, verkümmert,
Was neu ist, das faßt man, was alt ist, das haßt man,
Was neu ist, das lacht, was alt ist, das kracht,
Was neu ist, das preist man an, was alt ist, zerreißt man.
Neue Früchte, neue G'schichten, neue

Bücher, neue Tücher kauft man. Neue Schüsseln, neue Bissen möcht man. Lieber trägt man neue Hosen, lieber riecht man neue Rosen, lieber schreiben neue Federn, lieber gehen neue Räder. Lieber kehren neue Besen, lieber sind alle neue Wesen – leider. Deshalb soll auch ein Prediger, um seine Zuhörer besser aufmuntern zu können, immer etwas Neues vorbringen und nicht dauernd mit alten Sachen daherkommen.

Abrahamisches Bescheidessen

Der Mensch

Der Mensch ist aus Erde und Lehm zusammengepappt, zusammengewalkt, zusammengedalkt, ein zerbrechliches Geschirr. Ein irdisches Geschirr wird ausprobiert: man klopft daran. Wenn's einen guten Klang hat, liebt man's auch bei Hof; wenn's aber scheppert – fort damit an die Wand. Beim Menschen ist es genauso: Wenn er einen guten Nachklang hat, ist es genug; wenn ihm aber dieser fehlt, ist alles verloren.

Abrahamisches Bescheidessen

Der Nikolaus kommt

Fürcht't euch nicht, denn ich bin da,
Und stell' mich vor: der Nicola.

Es ist eine uralte Gewohnheit, daß der Nikolaus Geschenke bringt. Er kommt aber eine Nacht vorher, um die Kinder zu prüfen und zu examinieren. ob sie auch durch ihre Herren Lehrmeister, Hofmeister, Schulmeister, Sprachmeister und andere Informations-Räte gut unterwiesen sind in Glaubenssachen, im Buchstabieren, Silbenteilen, Lesen und Schreiben. Im Rechnen? In Sprachen?
Ebenso fragt der Nikolaus: Wie sich die Kinder das ganze Jahr hindurch verhalten haben? Ob sie gern beten? Den Eltern und Lehrern gehorsam sind? Ob zum Beispiel der Hanserl und der Paul nicht zu faul? Ob der Franzerl und der Ignazerl kein schlimmes Fratzerl? Ob der Michel und der Stix vielleicht gelernet nix? Ob das Kätherl gern beim Räderl? Ob die Sabindl gern bei der Spindl? Ob das Liserl und Thereserl nicht etwa sind zwei junge Eserl? Das alles fragt der Nikolaus.

Abrahamisches Gehab dich wohl

Der Wein

Der Wein ist eine Medizin, wenn er aber ohne Manier genommen wird, ist er ein Gift. Der Wein ist eine Erquickung des Herzens, wenn er aber maßlos genossen wird, ist er der Tod der Seele. Der Wein ist ein Spielmann des Gemüts, wenn er aber zu häufig getrunken wird, ist er der Räuber der Reinheit. Der Wein ist ein Geschöpf Gottes, also gut; wenn er aber zuviel getrunken wird, ist er ein Begleiter und Wegweiser zur Hölle. Der Wein ist ein Lebenssaft, wenn er aber in zu großer Menge getrunken wird, ist er ein Todestränklein . . .

Der Wein ist ein Lebensaufenthalt, wenn er mäßig getrunken wird, sonst ist er eine Schwächung des Leibes. Der Wein ist ein Bad, mit dem die Traurigkeit abgewaschen wird, wenn er aber zuviel genommen wird, so ertränkt er die Tugenden. Der Wein ist beschaffen wie das Wasser, mit dem der Gärtner Pflanzen und Blumen zu besprengen pflegt: Wenn er wenig spritzt, so können sie es aufnehmen, wenn er aber zu viel gießt, so verfaulen sie. Der Wein ist ein Kammerherr des kalten Leibs; wenn er aber zu viel eingenommen wird, ist er ein Brenner und zündet Venusflammen an. Der Wein macht das Genie hell und den Verstand klar; wenn er aber zuviel und ohne Manier genossen wird, so hängt er dem Hirn eine Narrenschelle an. Ein gutes Glas Wein ist für Leib und Seel' heilsam, aber nicht zuviel, sonst macht er aus Bacchus einen Narren.

Abrahamisches Bescheidessen

Stinkende Tabaksbrüder

Wenn ich die wunderlichen und stinkenden Tabaksbrüder fragen sollte, welches unter allen Kräutern das beste, nützlichste und heilsamste wäre, so würden sie mir antworten: Unter allen Kräutern, die die Erde als eine gütige Mutter hervorbringt, ist das vornehmste, heilsamste und edelste von allen das Tabakskraut. Mich wundert, daß es keiner das Narrenkraut nennt, weil es alle Menschen brauchen, rauchen und schmauchen. Obzwar dieses Kraut, wie man aus Erfahrung bisher wahrgenommen hat; sehr heilsame Wirkungen hat, vor allem gegen die Pest, so wird doch dieses Kraut in Zeiten wie diesen derartig mißbraucht, daß es fast kein Land, keinen Stand, keine Stadt, kein Schloß, keinen Markt, kein Dorf, kein Haus gibt, in welchem nicht eine unsägliche Menge von stinkenden

Tabaksmenschen zu finden und anzutreffen ist. Und es ist schon so weit gekommen, daß nicht nur allein die Männer, sondern auch die Weiber, denen das Tabakrauchen so gut paßt wie dem Bären das Pfeifen, ja sogar rotzige Buben, denen die Rutenstöcke noch in den Hosen stecken, die Tabakspfeife immer im Maul tragen und rauchen und schmauchen.

Etwas für alle

Der Verliebte

Venus ist die Göttin der Liebe, und Venus heißt so viel wie Weh-nuß. Was für manche harte Nuß muß der Verliebte aufbeißen: er kauft, er rauft, er sauft, er schnauft, er lauft, er prangt, er drängt, er hängt, er langt, er dankt, er blickt, er flickt, er stickt, er zückt, er erschrickt, er paßt, er fast't, er laßt, er rastet, er tastet, er red't, er wettet, er frettet, er zetert, er bettet, er bringt, er hinkt, er klingt, er singt, er springt, er tragt, er fragt, er nagt, er klagt, er hitzt, er blitzt, er schwitzt, er sitzt, in summa: der Narr tut alles, gibt alles, verläßt alles und leid't alles für ein Weib. Oh Narr aller Narren!

Judas der Erzschelm

Was für ein Leben!

Im Sommer ist mir heiß, im Winter ist mir kalt,
im Herbst ist mir feucht, im Frühling ist mir kühl.
Wehr ich mich, so werd' ich gestriegelt,
bin ich ein Soldat, so werd' ich geprügelt,
bin ich ein Bauer, so werd' ich geschunden,
bin ich ein Dieb, so werd' ich gebunden,
bin ich ein Doktor, so muß ich den Kopf zerbrechen,
bin ich ein Schneider, muß ich alleweil stechen,
bin ich ein Narr, so werd' ich vexiert,
bin ich bescheiden, so werd' ich verführt,
bin ich reich, so leb ich in Sorgen,
bin ich arm, will mir niemand borgen,
bin ich verheirat't, so muß ich viel leiden,
bin ich ledig, so hab ich keine Freuden,
bin ich zu jung, so hab ich viel Hitz',
bin ich zu alt, sing ich nicht mehr verschmitzt,
bin ich hoch, so hab ich viel Mucken,
bin ich nieder, so tut man mich drucken,
iß ich zu viel, so plagt mich der Kropf,
trink ich zu viel, so donnert der Kopf.

Es gibt nichts, das mich unsterblich machen kann: alles, was ich sehe, alles, was ich höre, alles, was ich koste, alles was ich angreife, das kann mir den Tod bringen.

Abrahamische Lauber-Hütt'

Was ist die Predigt

Eine Predigt ist ein Spiegel, in dem sich der Mensch anschaut. Eine Predigt ist ein Hahnenschrei, der den Menschen vom sündigen Schlaf aufweckt. Eine Predigt ist ein Gastmahl, das die Seele speist.

Judas der Erzschelm

Der geistliche Stand ist der vornehmste

Der gottgeweihten Geistlichkeit
gebührt das Lob zu jeder Zeit.

Unter den Vögeln der Luft ist der vornehmste der Adler.
Unter den Tieren der Erden ist der vornehmste der Löwe.
Unter den Fischen des Meeres ist der vornehmste der Walfisch.
Unter den Blumen ist die vornehmste die Rose.

Unter den Steinen ist der vornehmste der Diamant.
Unter den Metallen ist das vornehmste das Gold.
Unter den Bergen ist der vornehmste der Berg Olymp.
Unter den Städten ist die vornehmste die Stadt Rom.
Unter den Wissenschaften ist die vornehmste die Theologie.
Unter den Ständen der Welt ist der vornehmste der geistliche Stand.
Geistliche sind Lehrer des Volks, Gewaltträger des Allerhöchsten, Ausbreiter des wahren Glaubens.
Geistliche sind die Väter der Christgläubigen, Evangelisten der Christen, Hirten der Seelen.
Geistliche sind die Ärzte der Gewissen, eine Geißel des bösen Feindes, ein Eckstein der katholischen Kirche.
Geistliche sind der Schutz der Religion, brennende Leuchter im Irrtum der Finsternis, Mittler zwischen Gott und dem Menschen.

Abrahamisches Gehab dich wohl

Leich-Predig.

Des verdammten Ertz-Schelm Judæ Iscarioth.

Thema.

Maledictus Vermaledeyt. Gen. c. 3. Num. 22. Deut. 22. Josu. 6. Judic. 21. 1. Reg. 14. Eccles. 28. Jerem. 11. Malach. 1. ad Gallath. 3. &c.

Ihr Hebräer: Wer ist Judas Iscarioth?

יהודה המוסר מרע מאד

Jehùda hammoser meragh meodg.

Ihr Griechen: Wer ist Judas Iscarioth?

ἰούδας ἐςὶ μοχθηρότατος προδότης.

Ihr Lateiner: Wer ist Judas Iscarioth?

Judas est pessimus Nebulo.

Ihr Arabier: Wer ist Judas Iscarioth?

Scherirelazli.

Fff 2 Ihr

Ihr Persianer: Wer ist Judas Iscarioth?
Hharamzade.

Ihr Türcken: Wer ist Judas Iscarioth?
Khara giii zlü.

Ihr Böhmen: Wer ist Judas Iscarioth?
Gidass geſt ten neg horrssy Zradce.

Ihr Polacken: Wer ist Judas Iscarioth?
Jud ieſt nai Vlietki Sdraizu.

Ihr Hungarn: Wer ist Judas Iscarioth?
Judas Dekilletlen em vver.

Ihr Crobaten: Wer ist Judas Iscarioth?
Prokleti Judas mallo fridni Schlovik.

Ihr Italiäner: Wer ist Judas Iscarioth?
Giuda è gran Traditore.

Ihr Spanier: Wer ist Judas Iscarioth?
Judas el Major Traidor.

Ihr Frantzosen: Wer ist Judas Iscarioth?
Judas eſt un archifripon.

Ihr Crainer: Wer ist Judas Iscarioth?
Judash Scharioth, ie ta Vsrele Schellem.

Ihr Teutsche: Wer ist Judas Iscarioth?
Judas ist ein vermaledeyter Ertz-Schelm.

Benè dicitis de Maledicto, Ihr sagt gut/ dann in der gantzen Anatomia, oder Ausgliederung des Judä finde ich nichts/ so da nicht wäre vermaledeyt.

Ver-

Im Beichtstuhl

Johannes kommt in den Beichtstuhl. „Guten Tag, Herr Pater", sagt er, „ach, mir ist es eine Weile nicht zum besten gegangen. Jetzt aber erhole ich mich schön langsam, sodaß ich endlich zu meiner Beichte komme. So klage ich mich folgender Sünden an:

Erstens habe ich mich nie vollgetrunken, der Wein ist ja heuer auch gar zu teuer.

Zum anderen hab ich am Sonntag und Feiertag keine heilige Meß ausgelassen, hab ich doch, Gott sei Lob und Dank, die Kirchen vor der Nasen.

Drittens hab ich nie geschimpft. Es war auch nie meine Gewohnheit. Das überlaß ich lieber den Fuhrleuten.

Viertens habe ich den Leuten nicht die Ehr' abgeschnitten, ich laß einen jeden sein, wer er ist, und kehre vor meiner eigenen Tür.

Fünftens bin ich nicht stolz gewesen. Mein Gott, die Leute kennen mich schon, ich möchte Federn tragen oder nicht.

Sechstens hab ich nichts entwendet, jedenfalls nicht absichtlich, ich bin zufrieden, was mir Gott gegeben hat, obwohl ich nichts hab, um's beim Fenster hinauszuwerfen.

Siebentens hab ich auch mein Gebet verrichtet, wenn es die Zeit zugelassen hat. Unsereiner

kann ja schließlich nicht wie ein Karthäuser alleweil in der Kirchen hocken.
Ansonsten weiß ich weiter nichts, es ist mir von Herzen leid, ich will mich auch hinfort bessern und bitte um die Buß' und heilige Absolution."

„O mein lieber Johannes, diese Beichte ist nicht recht, du bist wohl kein Johannes in der Wüste, wohl aber, deiner Aussage nach, ein Johannes der Sauberkeit. Du beichtest nur, was du Gutes getan hast und nicht, was du Böses gestiftet hast. Auf diese Weise bist du so sauber, daß du gar kein Bad nötig hast. Paulus ist schon im dritten Himmel gewesen und hat sich nicht so heilig gemacht wie du. Der Sünder im Tempel von Jerusalem hat anders gebeichtet; er hat auf seine Brust geschlagen und gesagt: peccavi, ich habe gesündigt. Der Schächer am Kreuz, Dilmas, wäre mit einer solchen Beichte, wie du sie hier gemacht hast, geradewegs zum Teufel gefahren, darum hat er die Sache verständiger angefangen und rundheraus bekannt, er sei ein Schelm über alle gewesen und hätte seiner Laster wegen wohl hundert Galgen verdient. Mein guter Johannes, du kommst mir vor wie die Johannis-Käferln: die scheinen und schimmern bei der Nacht, als wären sie die schönsten Lichterln, in Wirklichkeit aber sind sie nichts anderes als verwerfliche Würmer. Durch deine angeberische Beichte willst du dir gleichsam einen Heiligenschein auf den Kopf nageln und den Heiligen spielen, obwohl du doch wie andere gebrechliche Menschen auch Mängel und Gebrechen genug an dir hast. Deine Absicht besteht darin, daß du bei deinem Beichtvater in gutem Ansehen stehst. Aber glaub mir, in dieser Kanzlei ist der Teufel der Concipist. Er hat auch einen so großen Grausen an der Demut, daß er bis in alle Ewigkeit nicht eingestehen will, daß er gesündigt hat."

Judas der Erzschelm

Das Lateinische Nix

Was ist das? Es ist nicht lang, es ist nicht kurz, es ist nicht schmal, es ist nicht breit, es ist nicht dick, es ist nicht dünn, es ist nicht hoch, es ist nicht nieder, es ist nicht rund, es ist nicht eckig, es ist nicht alt, es ist nicht jung, es ist nicht süß, es ist nicht sauer, es lebt nicht, und ist nicht tot, es ist nicht schön, es ist nicht schändlich, es ist kein Leib, es ist kein Geist, es ist nicht weiß, es ist nicht schwarz, es ist nicht reich, es ist nicht arm, es ist keine

Substanz, es ist keine Akzidenz, man kann's nicht hören, man kann's nicht sehen, man kann's nicht riechen, man kann's nicht kochen, man kann's nicht messen, man kann's nicht legen, man kann's nicht werfen, man kann's nicht empfinden, man kann's nicht tragen.

Es ist nicht im Himmel, es ist nicht in der Hölle, es ist nicht im Fegefeuer, es ist nicht in der Welt.

Es ist nicht oben, es ist nicht unten, es ist nicht in der Mitte, es ist nicht auf der Seite, es ist nicht im Feuer, es ist nicht in der Erde. Es ist nicht im Wasser, es ist nicht in der Luft. Es hat keine Natur, es hat keine Gestalt, es hat keine Materie, es hat keinen Leib. Es hat keine Wesenheit, es hat keine Seele, es hat keine Zeit.

Es ist nicht geboren, es ist nicht erschaffen, es geht nicht, es steht nicht, es fliegt nicht, es schwimmt nicht, es kriecht nicht, es hängt nicht, es wächst nicht, es ißt nicht, es trinkt nicht, es fault nicht, es veraltet nicht, es beschwert nicht, es leuchtet nicht, und was das Größte ist, es ist eher als Gott gewesen. Aber! Wird da ein jeder Mensch, der Christ, der Jud', der Heide sagen: Das ist unmöglich, das kann nicht sein! Und doch ist es wahr, ich will gern sehen, wer es besser weiß. Gott hat diese Sache, von der ich rede, nicht erschaffen, weil sie eben eher als Gott gewesen ist. Das weiß jeder, und wenn ich ihm's sage, so wird er mir recht geben. Freilich denkt jeder, Gott ist ewig, also ist nichts eher als Gott gewesen; eben jetzt habe ich das Rätsel aufgelöst, ganz recht: Nichts ist eher als Gott gewesen; Nichts hat weder Substanz noch Akzidenz, weder Länge, noch Breite, weder Größe, noch Kleine.

Wenn eine Dienstmagd auf den Markt geschickt wird, um einzukaufen, aber drei oder vier Stunden ausbleibt, so sagt die Frau: Holla! Saubere Dirn, bei welchem Kerl bist du wieder gewesen. Was hast du mit ihm geredet? Frau,

Nichts!

Eine Frau bittet um Erlaubnis, eine halbe Stunde auszugehen und kommt erst bei sinkender Nacht nach Haus, der Mann fragt: Was hast du so lang getan? Nichts, mein lieber Mann.

Ein loser Bub kommt in die Speisekammer, er schnappt, er tappt überall herum, kommt endlich über die Butter. Die Frau sieht, daß er ein feistes Maul hat. Was hast du gegessen? Nichts, Frau. Das Nichts erteilt so manchen in der Welt die Absolution.

Jetzt ist aber die Frage, ob es auch in jener Welt absolvieren oder lossprechen wird. Ich sage ja, jedoch mit diesem Unterschied: Das deutsche Nichts absolviert nur auf dieser Welt, das lateinische Nix absolviert auch in der anderen Welt. Das lateinische Nix heißt Schnee: der Schnee hat unter anderen Eigenschaften diese: Er bedeckt nicht allein, mit Respekt gesagt, den Unflat auf den Mist- und Kothaufen, sondern macht ihn auch schön und glänzend; genauso sollt' ein Mensch seinen Nächsten, im Fall er einen Mangel an ihm weiß, mit Vernunft bedecken helfen, und nicht so geschwind seinen ehrlichen Namen angreifen. Jedermann soll wissen: Wer so ein lateinisches Nix hat, der hat Nichts zu fürchten.

Abrahamische Lauber-Hütt'

Alt-Vater Noa

Mein lieber und frommer Alt-Vater Noa. Ich sehe in der Arche, in diesem großen Vogelhaus, in dieser großen Hendl-Stiegen, in diesem großen Schafstall, in diesem großen Kuhstall, in diesem großen Saustall, mit Respekt gesagt, in diesem großen Taubenkobel allerlei Säcke und Kisten, worin das Futter für alle diese Tiere ist. Aber in deinem Logis sehe ich ein sonderbares Trücherl und da mach

ich mir tausend Gedanken, was da drin sein möcht'.
Viktualien sind nicht drin, das weiß ich. Schmuck oder Kleinodien sind auch nicht drinnen, denn so etwas würde sich für dein Weib nicht ziemen, da ja Gott der Baumeister der Arche war, du aber nur der Polier und ein Oberzimmergesell, warum sollte dann dein Weib wie ein Götzenbild aufgeputzt sein? Geld wird auch kaum darinnen sein, weil der allmächtige Gott dir den Namen eines Gerechten gegeben hat, nämlich „Noa Vir Justus". So mußt du also das Geld nicht hoch geachtet haben, da ja das weiße Silber für gewöhnlich ein schwarzes Gewissen macht. Was muß dann in diesem Trücherl verschlossen sein, zu dem du öfters am Tag deine Auge wendest? Antwort: Er hat einen wunderbaren Schatz darinnen. Also was? Ein sehr kostbares Helfenbein? Ein Helfenbein? Es sind die Gebeine des ersten Vaters Adam, die ich mit mir in die Arche genommen habe. Diese Gebeine verehre ich als Reliquien, weil ich weiß, daß sie einmal am Jüngsten Tag glorreich auferstehen werden. Diese Gebeine sind für mich ein Helfenbein, weil sie mir zweifellos in dieser großen Not helfen werden. So schreibt Jakobus von Edessa, der ein Lehrer des hl. Ephraim war: Ja, nachdem die Sintflut vorbei war, hat der fromme Noa für seine

Söhne Heiligtümer errichtet und jedem von ihnen einen besonderen Partikel verehrt. Die übrigen Gebeine Adams aber samt dem Kopf hat er auf Befehl Gottes auf dem Kalvarienberg begraben.

Judas der Erzschelm

Die Schönheit des Himmels

Was ist die Weisheit Salomons? Was ist die Schönheit Absaloms? Was ist Cleopatras Pracht? Was ist Alexanders Macht? Was ist die Stärke der Riesen? Was ist die Annehmlichkeit der Felder und Wiesen? Was ist der Pomp der Römerstädt'? Was ist der Kaiser Majestät? Was ist des Epikuri Freud'? Was ist des Honigs Süßigkeit? Was ist die Klarheit der Kristalle? Was sind der Sonne helle Strahlen? Was ist des Krösus Geld? Was ist die Wollust aller Welt? – gegen den Himmel?! Nichts, nichts und gar nichts: ein Tandelmarkt, ein Kinderspiel, ein Trockendock, ein Schnellfingerl, ein Schatten. Der Himmel ist so schön, daß Vincentius Ferrerius schreibt: Wenn der Mensch durch eine Kluft könnte in den

Himmel schauen und darin weder Gott noch einen Heiligen sehen würde, sondern nur den Ort allein, so würde er sich in dessen Schönheit so verlieben, daß er vor lauter Freude von Sinnen wäre. Augustinus sagt: Der Himmel ist so süß, daß die ganze Hölle in ein Paradies verwandelt werden würde, wenn nur ein einziges Tröpflein von seiner Süßigkeit in die Hölle fiele.

Abrahamische Lauber-Hütt'

Zeittafel

1631 Ferdinand II. übergibt den unbeschuhten Augustinern das Augustinerkloster in Wien.

1644 2. Juli – Hans Ulrich Megerle wird in dem schwäbischen Dorf Kreenheinstetten als achtes Kind der Wirtsleute „Zur Traube" Matthäus und Ursula Megerle geboren.

1656 Besuch des Jesuitengymnasiums in Ingolstadt

1658 Ferdinand III. zum römischen Kaiser gewählt

1659 Der Onkel Abraham vom Megerle, Kanonikus in Altötting und bekannter Kirchenkomponist, schickt Ulrich auf das Benediktinergymnasium in Salzburg.

1662 Ulrich Megerle verläßt Salzburg „cum testimonio" und tritt in den Orden der Augustiner-Barfüßer ein. Noviziat im Kloster Mariabrunn. Aus Dankbarkeit seinem Onkel gegenüber nimmt er den Namen ABRAHAM A SANCTA CLARA an.

1663 Wiederbeginn des Türkenkrieges
Abraham beginnt im Wiener Kloster mit dem Philosophie- und Theologiestudium.

1668 Abraham wird in der Augustinerkirche in Wien zum Priester geweiht.

1670 Abrahams erste Schrift „Epitome elogiorum" erscheint im Druck.
Abraham wird Wallfahrtsprediger im Kloster Taxa bei Augsburg.

1673 15. November – Abraham predigt zum ersten Mal vor dem Hofstaat, in Klosterneuburg, zu Ehren des heiligen Leopold: gedruckt unter dem Titel „ASTRIACUS AUSTRIACUS – Himmelreichischer Österreicher"

1677 Kaiserlicher Prediger und Subprior seines Ordens

1679 Pest in Wien

1680 „Mercks Wienn", aus dem Erleben der Pest entstanden
Prior des Wiener Klosters
„Lösch Wien", Predigtsammlung aus der Allerseelen-oktav
„Grosse Todten-Bruderschafft"

1683 2. Wiener Türkenbelagerung
Abraham als Sonntagsprediger in Graz
„Auff, auff, Ihr Christen", Kampfschrift gegen die Türken
1684 „Reimb dich, Oder Ich Liß Dich"
1685 Wallfahrtsbüchlein auf Taxa „Gack, Gack, Gack, Gack à Ga. Einer Wunderseltzammen Hennen"
1686 Abraham in Rom
Prior des Klosters in Graz
„JUDAS der Ertz-Schelm", Band 1
1689 Zweite Romreise
„JUDAS der Ertz-Schelm", 2. Band
1691 „Grammatica Religiosa"
1692 Dritte Romreise
„JUDAS der Ertz-Schelm", 3. Band
1693 Professor im Kloster Mariabrunn
1695 „JUDAS der Ertz-Schelm" wird mit dem 4. Band abgeschlossen
Prokurator der deutsch-böhmischen Provinz
1697 Abraham wird definitor provinciae (einer der vier Beisitzer des Provinzials)
1699 „Etwas für alle"
1701 „Geflügelter Mercurius"
1703 „Wunderlicher Traum von einem großen Narren-Nest"
1704 „Heilsames Gemisch-Gemasch"
„Ein Karrn voller Narrn"
1706 Vertretungsweise Provinzial
1707 „Huy! und Pfuy! der Welt"
1709 16. März – Abraham zum letzten Mal auf der Kanzel
1. Dezember – Tod
Das „Wiennerische Diarium" berichtet in der Nummer 661/1709: „Montag den 2. December. Heute wurde allhier in der Kayserl. Hofkirchen deren WW.EE.PP. Augustiner-Baarfüßern bey St. Maria von Loreto, der durch seyne gehaltene Predigen sowol, als aufgegangene viele Schrifften berühmte Pater Abraham a S. Clara, Ord. Erem. S. P. A. und Provinciae Definitor, wie auch Kayserlichen Prediger, nachdeme er gestern in Gott seelig dahier verschieden, bey einer Menge deren anwesenden Geist- und Weltlichen zur Erden bestattet."

1710 „Wohl angefüllter Wein-Keller“
„Geistlicher Kramer-Laden“
„Besonders meublirt- und gezierte Todten-Capelle“

1717 „Abrahamisches Bescheid-Essen“, wahrscheinlich sind nur Einleitung und Schluß von Abraham

1721 „Abrahamische Lauber-Hütt', Predigten Abrahams, die vom Herausgeber mit Zusätzen versehen worden sind.

1729 „Abrahamisches Gehab dich wohl!“, überarbeitete Predigtsammlung

1733 „Mercurialis“, Versuch unter Abrahams Namen ein gut verkäufliches Buch herauszugeben – ein Beweis seiner Popularität!

1798 Goethe hat den „JUDAS“ gelesen und empfiehlt Schiller, Pater Abraham als Anregung für dessen Kapuzinerpredigt in „Wallensteins Lager“. Schiller ließ sich u. a. von Mercks Wienn“ und „Auff, auff Ihr Christen“ inspirieren.

1804 Jean Paul lobt Abraham in seiner „Vorschule der Ästhetik“

1806 Achim von Arnim & Clemens von Brentano nehmen in „Des Knaben Wunderhorn“ die Predigt des Antonius von Padua an die Fische aus dem „JUDAS“ auf.

1857 Josef von Eichendorff preist in seiner „Geschichte der poetischen Literatur Deutschland“ Pater Abraham als Antipoden der ihm unsympathischen pietistischen Dichter.

1943 „Werke von Abraham a Sancta Clara“ – aus dem handschriftlichen Nachlaß herausgegeben von der Akademie der Wissenschaften in Wien (auf Anregung von Reichsleiter Baldur von Schirach), bearbeitet von Karl Bertsche / 3 Bände. Die Handschriften zu den Predigten 1670/1682. Verlag Adolf Holzhausens Nachfolger.

„Ohne Gott kann keine Weisheit noch irgendein Verstand oder Witz sein!“

„Die Welt ist wie ein betrunkener Bauer“

Aus den Tischreden Martin Luthers

Zusammengestellt und übertragen von Peter Karner

4. Auflage 1982

120 Seiten, Paperback, öS 75,–/DM 9,80

Spontan äußerte sich der große Reformator immer wieder im Freundeskreis zu den verschiedensten privaten, kirchlichen und gesellschaftlichen Lebensfragen und Ereignissen. Durch die behutsame Übertragung gelingt es P. Karner, das „Lutherdeutsch“ volkstümlich zu machen.

HERDER WIEN – FREIBURG – BASEL